WAC BUNKO

アメリカは新南北戦争に突入する！

宮崎正弘

WAC

アメリカ合衆国憲法修正第2条は「人民の武装権」を認め次のように明記している。
「規律ある民兵は、自由な国家の安全にとって必要であるから人民が武器を保有し、また携帯する権利はこれを侵してはならない。

連邦政府に対する潜在的抵抗権(自由権)を確保する必要から、正当に組織された義勇軍は禁止されてはならず、義勇兵となるべき州民が、自己の武器を保有し携帯する権利もまた、連邦政府によって侵害されてはならない」

アメリカは
新南北戦争に突入する！

◎目次

装幀／須川貴弘（WAC装幀室）

プロローグ　近未来のアメリカ内戦を描く映画『シビル・ウォー』

幻想ではない、内戦はリアルだ

ワンダーランドでもフィクションでもない。

現実にトランプ前大統領は遊説中に狙撃され間一髪で危機を逃れた。2024年7月13日、ペンシルバニア州タルトンでの出来事だった。これは市街戦の予行演習なのか？

トランプは間一髪で危機を逃れ、SS（シークレットサービス）に囲まれながらも拳を振り上げて元気な姿をテレビカメラの前で演じた。SSのトップだったチートル長官は警備の責任を取って10日後に辞任した。

近未来に勃発しそうな米国の内戦をリアルに活写するハリウッド映画「シビル・ウォー」が全米で大ヒット。10月には日本でも公開される。ヴァーチャルな世界ではない。

現実の世界が描かれている。

おりしもラスムセン(2024年5月)の世論調査結果は衝撃的だった。「米国は2029年までに内戦《シビルウォー》となる」と答えたアメリカ人が49%もいた。同年6月のハートリサーチとNBCの世論調査で、「バイデン政権のもと、米国は制御不能状態に陥っており、誤った方向に歩んでいる」と回答した人が73%と、過去最悪の数字が出た。

これを受けてランド・ポール上院議員は「フォックスビジネス」に出演し、「私が心配しているのはドナルド・トランプ氏よりもさらに大きなことだ」とし、(トランプ前大統領に対する不正な裁判を目撃した)国民の半分は裁判制度が自分たちに不利に働くと信じており、公平に扱われないと考えている。(もしトランプ以外の人が当選することになれば)市街戦に発展する懸念があり、路上での争いを心配している」と語った。

さらにランド・ポール上院議員は「ヒラリー・クリントン氏が電子メールサーバーに関して告訴された際に(トランプ氏と)全く異なる扱いを受けた。彼女は8000ドル(120万円、本書では1ドル=150円で換算)の罰金を科せられただけの軽い処罰で済んだ。トランプ前大統領は特定犯罪で起訴された唯一の人物。『法の下の平等』を唱えた米国の原則から見れば2人の扱いは完全に偏っている」と指摘。

宣伝戦で口を封じられてきたトランプだがＴｉｋＴｏｋ利用を開始すると24時間以内に３１０万人がフォローした。ちなみにバイデンのそれは50万人前後に留まった。

全米40の大学キャンパスは極左学生たち（多くがプロの左翼活動家）がテントを貼って占拠し、パレスチナ支援を叫び、イスラエル支援のバイデン政権と激しく対立した。オカシオ＝コルテス下院議員は「議会のイスラエル支持はＡＩＰＡＣ（政治資金団体）への恐怖によるものだ」（ユダヤ人団体から献金が途切れることが怖いのだ）と主張し、イスラエルがガザで大量虐殺を行っていると非難した。米国の世論はイスラエル問題ですら真っ二つである（これまで米国の常識は徹底したイスラエル支持だった）。

政治運動は目に見えて暴力化してきた。争点は不法移民、中絶、ＬＧＢＴＱ、同性婚、パレスチナ支援、銃規制、大学ローン減免、死刑廃止の諾否等々。世論はくっきりと分裂し、従来のパターンとは異なった暴力的対決がエスカレートした。銃規制の掛け声はあるが、田舎のおばさんまでピストルを所有している。「銃規制」とは自動小銃、機関銃の禁止だけで拳銃と（トランプ銃撃で使用された）半自動ライフルは対象外である。

ハリウッド映画『シビル・ウォー』のあらすじは、カリフォルニアを基軸に19の州が連邦から離脱して独立し、首都ワシントンを攻撃する。現在の米国の政治そのものを鷲づかみにしたような筋立てである。2021年1月6日に起きた米議会議事堂襲撃事件をヒントに、いずれ米国が内戦状態に陥り、反乱軍がワシントンを空爆、戦車隊が議事堂を襲撃し、大統領を殺害するところで真っ暗な未来を暗示し終幕する。

首都ワシントンを攻撃するのは「西部連合軍」で、カリフォルニア州とテキサス州の民兵（武装した地域私兵）である。まるで不法移民軍が米国を乗っ取るような話である。暗くて残酷で、どうなるか分からない米国の近未来、その不安心理が露呈している。フィクションとは言え、不法移民の武装集団が反乱する未来を示唆している。

筆者は試写会で迫力に富む映像を見ながら、1861年から4年続いた南北戦争の過程を思い出した。映画では北西部は「ニュー・ピープルズ・アーミー」、フロリダ州から南部にかけては「フロリダ・アライアンス」、北東部から中西部は大統領に忠誠を誓う勢力に分かれ、4つ巴の対立が映画の設定である。

暗殺される「大統領」は明らかにトランプ前大統領をモデルにしている。ただし映画そのものは戦争原因には触れず新旧フォトジャーナリストの物語を基軸としている。

米国が内戦となると最も裨益《ひえき》する国はどこか？

即座に中国という回答が出てくるのではないか。米国が内戦で疲弊すればするほど世界覇権は棚ぼたで中国が獲得できる。台湾をのみ込み、ＳＮＳ空間で中国は米大統領選挙に介入し、加えてフェンタニル戦争を仕掛けて米国を弱体化させている。中国の次に裨益するのはロシア、そして北朝鮮か。後ろ盾を失う日本は不安のどん底に陥るだろう。

全米第5位のファンド「ブリッジウォーター・アソシエイツ」創設者のレイ・ダリオが英紙「フィナンシャル・タイムズ」(5月19日) のインタビューで「第２次内戦（新南北戦争）のリスクが増大している。内戦が起こる確率は35～40％だ」としたためウォール街に衝撃が走った。

ダリオは「ウォール街の預言師」とも言われるが、こう続けた。「瀬戸際に立っているとの結論に至ったものの、さらに激動の時代に突入するかどうかはまだ分からない」

ダリオは週刊誌「タイム」の「世界で最も影響力のある１００人」のひとりに選ばれたこともあり、『変化する世界秩序に対処するための原則』、『債務危機を乗り切るための原則』、『成功の原則』などの著作はベストセラーとなった。いずれも邦訳があり、ウォーレン・

バフェットやジョージ・ソロスほど有名ではないにしても日本でも知られている。ダリオのみならず、米国の激越なる分裂は明らかで、厳しい時代が差し迫っていると感じている人々が夥《おびただ》しい。

ダリオの認識では「内戦がどのような形になるか。必ずしも人々が『銃を手に取り発砲を始める』のではなく、人々が自分たちの望むことと一致し、反対の政治的説得を行う連邦当局の決定に従わない『別の州に移動すること』も含まれる」とした。

つまり各自治体が中央政府とは異なった州法を制定し、行政が機能しなくなる。政府が機能不全に陥るとするのだが、それは現実に起きている。中絶などをめぐって多くの州が独自の州法を制定し始めている。

不法移民による治安悪化と税金の高騰に音をあげた人々、とくにニューヨークから62万人がフロリダ、テキサスへ移住した。カリフォルニアから57万人が、ミシガンからも30万人近い人が他州へ、治安の良い、所得税の安い州へ流れた。この驚くべき人口動態の大変化が目の前でおきている。まさにフン族の侵入がゲルマン民族を西へ西へと移動させたように。そのうち日本への移住組も増えそうだ。大移動というかたちでシン南北戦争は始まっていると判断できる。

欧州の『ポリティコ』紙にでた風刺漫画には苦笑した。荒廃した町の瓦礫の山をみてバイデン大統領が呟く。「酷いなぁこれは！　ウクライナの何処だ？」。秘書官が答えた。「いえ、これはロサンゼルスですよ、大統領」。

ソ連もユーゴも分裂したように

内戦は既に別のかたちで顕現されてきた。国家分裂の見本を私たちは過去半世紀の間にも見てきた。ソ連は15の独立国家に分裂した。ユーゴスラビアは7つに。チェコスロバキアとスーダンは2つに分裂したように、考えられないシナリオではない。

米国がいま内戦をかろうじて回避できているのは党派を越えた〝アンチ・チャイナ〟という共通の仮想敵認識があるからだ。

FOXニュース（5月20日）に映画監督のオリバー・ストーンが登場し、言い放った。

「トランプ前大統領が直面している訴訟は選挙妨害という文脈において、法廷が利用されている。これは『法廷戦争』だ」

オリバー・ストーンは米国の外交政策を批判するドキュメント映画を製作してきたが、

とくにバイデンのウクライナ戦争に関してヌーランド前国務次官、サリバン国家安全保障担当補佐官、ブリンケン国務長官（これら3人はユダヤ系アメリカ人）ら「イラク戦争を始めた〝ネオコン〟たちが政府の内部に残っている。バイデンは昔からの冷戦戦士であり、旧ソ連を心から憎んでいる。それ（ソ連）と共産主義ではない今のロシア連邦と混同している」とした。

米国が「自殺的」な路線を変えない限り、「第3次世界大戦の可能性」に直面すると警告し、バイデンを根底から非難した。「前回、バイデンに投票したのは間違いだった」と反省も述懐した。トランプ訴訟に関しては、「彼に賛成であろうと反対であろうと、それは些細なこと。汚職は生き方であり、ギリシャ人、ローマ人、その前のバビロニア人にまで遡ります。歴史を通じて汚職は常にあります」。

米国分裂の根本にあるのはキリスト教信仰の衰退である。

毎週教会へ通う白人は34％、じつに3人に2人は教会に寄りつかない。アメリカの都市部で日曜の朝、教会を見学すれば分かる。がらーんとしている。

毎週教会へ通うヒスパニックは39％、黒人は47％である。白人の宗教とされたキリスト教が非白人によって信仰されている。アメリカにとってカソリックの勢いの方がプロテスタントより優ってきている。これは7世紀から12世紀にスペインで起きたレコンキスタ（失地回復運動）と似ていないか。不法移民だと非難されながら米国へ入るヒスパニックにとって「米国南部はもともとがメキシコ領土だったではないか」と思っている。

宗教心を喪えば民族的、あるいは国民的アイデンティティが希薄になる。たとえばスコットランドの状況はもっと悲惨で過去20年間で百万人が信仰を捨てたか、無関心となった。そうすると教会の維持が困難となり聖職者が40％も減り、ついには財政を支えられなくなった。数百の教会が建物を敷地ごと売りに出し、学校か博物館という購入条件も許可を得ればバー、レストラン、前衛劇場、豪華マンションに改築が可能となる、住宅価格の5分の1である。たとえば２８００平方メートルの教会が米ドルでたったの４万４千ドルだった

こうしたキリスト教の信仰の稀釈化が、同性婚、中絶、ＬＧＢＴＱというキリスト教の価値観を否定する過激な思想と運動を生み出し国家をさらに分裂させる。

ＬＧＢＴＱ、同性婚でも世論は真っ二つに割れた。18歳の息子が性転換で女性になり、ＷＯＫＥ（ウォーク）運動に殺されたのだと悲嘆を語るのはイーロン・マスクだ。

同性婚に関して民主党の綱領は「愛する人と結婚することを許容する」とした最高裁判決を支持し、ＬＧＢＴＱに対する差別と戦う新法制定を唱えてきた。とくに民主党綱領は「ＬＧＢＴＱの児童が学校でいじめを受け、レストランは性転換者を拒絶出来、同性婚カップルが住宅立ち退きを要求されることなどは許されない」と主張した。

一方、共和党綱領は最高裁の同性婚容認判決を批判した。「事業者が同性婚の結婚式のためのサービスなど宗教的信条に反するサービスを拒否する権利を認める宗教自由法を支持する」。

自分を女性だと信じる男性の女性トイレ使用容認も「非合法、危険、プライバシー問題を無視することだ」と共和党は非難した。

クリントン時代から民主党支持者の多くがおかしくなった。「民主党は過激派に乗っ取られた」（トゥルシー・ギャバード元民主党下院議員）。いや、「民主党はいまやボルシェビキだ」、「いやいやジャコバン派だ」とする批判もある。

中絶論争は２０２２年の中間選挙の争点となって、上院で圧勝予測だった共和党が伸び悩んだのは、女性の多くが中絶論争で民主党に流れたからだった。中絶禁止の州がいくつもあり、最近トランプは「州にまかせる」と微妙に立場を変えた。そして神の前に平等という出発点、議会の審議は祈りではじまった伝統は稀釈され、党大会で「神、信仰、家庭」という語彙（ボキャブラリー）が頻繁に登場した風景を見かけなくなった。

南北戦争は1861年4月12日から1865年4月9日までの4年間も続き、アメリカは凄惨な戦いに明け暮れた。

北部の「アメリカ合衆国」と合衆国から分離した南部の「アメリカ連合国」とが闘った。この「内戦」は様々な原因があるが、歴史書は奴隷制存続を主張するミシシッピ州やフロリダ州など南部11州と近代工業化を驀進していた北部23州との間で戦争となり、大量の武器が投入され、戦死者はじつに50万人以上、負傷や獄中死などを含め70万人から90万人が死んだとされる。

当時、南北あわせ、奴隷を含めて人口は3000万人だったから、どれほど悲惨な犠牲を出したかがわかる。この戦争では史上初めて近代的な兵器、それを支えた機械技術が主戦力として投入された。

日本の内戦で古代最大規模だったのが壬申の乱だが、犠牲は数千人にも及ばず、小規模な反乱や軍事を衝突は別にして、つぎの内戦は関ヶ原から大坂冬の陣、夏の陣である。犠牲は3つの戦役をあわせても10万人に達しない。そして幕末維新における戊辰戦争は双方合わせて3万人前後が戦死した。明治10年の西南戦争では西郷軍と官軍双方で戦死者は3万人弱。西郷軍の降伏後、獄中に繋がれた榎本武楊などは明治新政府に仕え顕官となった。外国では考えにくいことである。米国の南北戦争に比べると戦死者が少ないのが日本の特徴だといえる。

かねてからアメリカのトランプ前大統領は「バイデンは第3次世界大戦を引き起こしかねない」と警告し続けた。

「バイデン政権の弱さと失敗が米国を『重大な危険』に陥れたのであり、この国には『本来いるべきではなかった無能な指導者』がいるために、第3次世界大戦に突入する恐れがある。ロシア、中国、北朝鮮の指導者と異なり、バイデン氏は絶好調ではない。核戦争は世界の壊滅につながる可能性があるにもかかわらず米国にはこの問題について議論できない指導者がいる」と徹底的にバイデンをこきおろした。

カマラ・ハリスって何者だ？

バイデンを引きずり降ろす動きが7月から共和党ではなく与党民主党のなかで本格化した。多くの議員が「バイデン、降りろ！」と叫んだ。自分の選挙があぶないからで、またハリウッドでも6月までバイデンの資金集めの先頭にあった有名俳優のジョージ・クルーニーらが「バイデン、降りろ！」の合唱に加わった。

ようやくバイデンが降り、代替候補が副大統領のカマラ・ハリスとなった。

2020年の大統領選挙で、民主党候補として「無難」と見られたジョー・バイデンが正式の大統領候補となったとき、オバマ元大統領は集票のバランスからカリフォルニア州元検事で上院議員、饒舌家のカマラ・ハリスを強く推薦した経緯がある。

副大統領となったハリスは評判が悪い上、スタッフが僅か3年間で24名もやめるほどの人使いの荒さ。そのうえ、正式候補となるや選対本部からバイデン人脈を一掃した。若さを売り物に素人受けするイメージ作戦は新鮮に見えた。なにしろバイデン政権は、事実上、レイムダック化しており、耄碌《もうろく》老人の行状はアメリカ国民を不安にさせていた。ホッとした支持者による竜巻のような一時的人気現象がハリスに訪れた。

トランプ前大統領は、ハリス副大統領が次期大統領候補として指名され、「副大統領候補」に極左のティム・ウォルズ知事を選んだことに関して、8月7日、「フォックス」テレビに出演し、「このような（酷い）組み合わせはかってなかった」と述べた。

トランプはウォルズ知事を「極左、社会主義者のサンダースと変わらない。民主党が大統領候補として進歩的な政治家を選んだことに感激している」と皮肉った。民主党は選挙対策で中西部の票の掘り起こしを狙っており、農業生産で中国との軋轢《あつれき》を抱えるミネソタ州など、ウォルズのような農政派を当てれば激戦州でも勝てるのではという計算がある。

トランプは吠えた。

「（ウォルズ知事は）不法移民を予防する壁も警備もなく、誰でもアメリカに入国できるという政策を支持している。彼の知事としての実績を見れば、（政治家として）まったくなっていないことは明瞭。彼はおそらくバーニー・サンダースと同程度だ」。

サンダース上院議員は自ら社会主義者を名乗る風変わりな左翼政治家として知られる。

「ウォルズ知事はトランスジェンダーに非常に熱心で、素晴らしいと思っている。また発言の数々から、安全で平安なくらしを求める人々に対して非常に侮辱的だ。これはアメリカを再び偉大にするという目的に対して、まったく侮辱的だ」。

しかし新聞大手、テレビとネット空間を支配する左翼勢力はトランプの発言を封じ込めている。

ジョージ・オーウェルの名作『1984年』は全体主義に陥落する危険性を警告した書だが、米国の民主党を牛耳る極左集団は、まさに『1984年』をマニュアルとしているのではないかと思われるフシがある。

オーウェルの原作では「ビッグ・ブラザー」が情報統制と監視を通じて国民を支配するという恐るべきディストピアの世界を描いた。映画『猿の惑星』にもビッグ・ブラザーのたぐいが現れた。

カマラ・ハリスは2020年の大統領予備選に出馬したとき、警察への予算削減に賛成し、治安の悪化がもたらす社会の混乱をまったく顧慮していない。ハリスは「移民関税執行局はKKKに匹敵する。ゼロから再建すべきだ」と示唆した。治安対策はどうでも良い、イデオロギー優先で走る。ハリスの過激な政策への関与はサンフランシスコでは機能したが、激戦州ではそうではない。

ドナルド・トランプの暗殺未遂事件で血まみれのトランプが拳を振り上げた写真は、保守系サイト以外、ほとんど見られなくなった。極左メディアの情報操作は、ハリスを宣伝することだけに熱心で、肝要な論点を逸らしている。

すべての記録は破壊、または改ざんされ、ニュースが書き換えられ、たとえば「トランプ集会」をグーグルで検索すると、「アトランタでのカマラ・ハリス集会」が出た。

メタはトランプが拳を突き上げている写真を「改変済み」に分類した。人々がグーグルを使ってトランプの暗殺未遂に関する情報を検索しても、瞬間的にトランプの名前が提示されなくなった。中国の言論統制と同じことが「表現の自由」があるとされるアメリカで起きている。

「不法移民は単純に移民であり擁護しなければいけない」とし、「女だと主張する男性は女性である」、「ドナルド・トランプに投票する人々は民主主義に対する脅威である」と毎日毎日、SNSは極左の情報操作に分捕られてしまった。

そして2024年8月10日のニューヨークタイムズは、激戦を伝えられるペンシルバニア、ミシガン、ウイスコンシンの3州で、カマラ・ハリスが50%の支持を集め、ドナルド・トランプは46%だったと伝えた(8月21日のXの世論調査は75vs25でトランプ圧勝の予測だ)。

第1に、前者は極左の司令塔ニューヨークタイムズが実施したもので、信頼性が薄い。3州がそろって50vs46という奇妙な数字の一致もおかしい。

第2に、一部ハリスへの熱狂があるが、その情景だけをテレビが報じる。ところが、集会場の外ではハリスへの抗議デモがあった。ハリスへの嫌悪はイスラエル問題が主で、しかしながらメディィは会場の外の模様を伝えない。

第3に、ほかの世論調査をみるとヒスパニックが大量に民主党離れを起こしている。黒人のハリス支持は微増しているが、メディアが騒いでいるのは若者たちの票の行方であり、確かに若者だけに限定するとトランプ支持はハリスに僅かながら抜かれている。

激戦の演出はもちろん情報操作だ。2016年のヒラリー（事前予測はヒラリーの圧勝だった）、或いは1980年のカーターの状況に酷似している（再選は間違いない、レーガン敗北とメディアは報じていた）。日本政府と外務省はともにヒラリー、カーター当選を予測していた。

カーター落選が伝わると当時の宮沢官房長官は数時間、口がきけなかった。ヒラリーの時は落選を外務省が想定しておらず、安倍首相は自ら電話をかけてNYのトランプタワーへ一番乗りを果たさなければならなかった。

激戦の演出は共和党の士気を削ぐためでもあるが、偏向報道に慣れっこのトランプ選対も、新しい対応に苦労している。

既に新南北戦争という内戦は事実上始まっているという指摘もあるが、もし米国が実際に内戦という悪魔的状況に陥った場合、国家安全保障を米国に依存している日本はいかにして生き延びるのか。

米国の内戦状況は、対岸の火事ではなく、日本の生存にかかわる大問題なのである。

第1章

不法移民をなぜバイデン・ハリスは放置してきたのか

なぜ市民は武装するのか？

「米国独立宣言」を冒頭に読み直しておくことは重要である。

この独立宣言は1776年7月4日、第2回大陸会議で13州が全会一致で採択したものだった。その「宣言」は言う。

「人類の歴史において、ある国民が、他の国民とを結び付けてきた政治的な絆を断ち切り、世界の諸国家の間で、自然の法と自然神の法によって与えられる独立平等の地位を占めることが必要となったとき、全世界の人々の意見を真摯《しんし》に尊重するならば、その国の人々は自分たちが分離せざるを得なくなった理由について公に明言すべきであろう。

われわれは、以下の事実を自明のことと信じる。すなわち総ての人間は生まれながらにして平等であり、その創造主によって、生命、自由、および幸福の追求を含む不可侵の権利を与えられているということ。こうした権利を確保するために、人々の間に政府が樹立され、政府は統治される者の合意に基づいて正当な権力を得る」

銃規制と個人の武装に関してはプロローグの冒頭に掲げた「アメリカ合衆国憲法修正第2条」（人民の武装権）がある。

憲法が個人の武装を合法としている以上、銃規制などできるわけがない。民兵は必要であると公に認めているのだから人々は武装する権利がある。ならばこれまで喧しく議論された「銃規制」とはなんだったのか。

半自動小銃の販売を禁止する10年間の時限立法「アサルト・ウェポン規制法（ＡＷＢ）」というのがあり、同法は２００４年に失効している。その後、カリフォルニア州は市民の自動小銃・機関銃保有を禁じたものの拳銃の所持は合法のままだ。

たとえば家を間違えて他人の敷地内に入った16歳の日本人留学生を撃ち殺した男性は刑事無罪・民事有責となった。この「バトンルージュ日本人留学生射殺事件」に衝撃を受けた日本でも銃規制問題に関心が集まった。

現在、米国で個人所有の銃はおよそ2億７０００万丁。銃が原因の死亡者数は毎年３万人前後。

２０２４年6月14日、米国最高裁は6対3で、トランプ政権時代のバンプストック規則を無効とする判決を出した。これは半自動ライフルの射撃速度を上げる付属品「バンプストック」の禁止が合憲か違憲かで争われてきた裁判である。わかりやすくいうと「機関銃」の分類によって規制対象となるのか否かという裁判。アメリカの銃規制は個人の所有として機関銃が禁止されている。その機関銃の定義に射撃速度をあげる部品が関わる。

ところが2024年6月15日最高裁は「従来の規制は違法である」と判断した。すなわち個人の所有が違法である。「機関銃」とは、「トリガーを1回操作するだけで、自動的に1発以上発射できる」能力を持つ銃器であって、半自動式銃器は射撃ごとに再度引き金を引く必要があるため、これは機関銃ではないとし、半自動小銃の所有を合法としたのだ。

トランプ暗殺未遂の犯人はトーマス・マシュー・クルックス（20歳）だった。地元の高校を卒業、犯罪歴はない。かれが現場に乗り付けたクルマからは爆薬が発見され、また自宅からは爆弾を造る材料が見つかった。大規模なテロを企んでいたかもしれない。

使用された銃はＡＲ15（アームライト）ライフルで、一般のピストルの3倍の速度、口径5・56ミリ。これまでにもラスベガス乱射事件、テキサス州のサザランドスプリンクスなどの無差別大量殺人事件で使用されてきた。第2次世界大戦で使われたＡＲ10を小型化したのがＡＲ15である。ペンタゴンの要請で大量に製造され、M16と改称した。その民間バージョンがＡＲ15ライフルと呼ばれる。

犯人が陣取った近くの建物の屋根からトランプの演壇まで１３５メートル。米陸軍の新兵にとってＭ16の射撃で１５０メートル射程での命中が合格とされる。つまり兵隊教育訓練を受けた人間なら標準的な技量と言われる。素人でも射撃訓練で標的を射貫くことができる。犯人は地元の射撃クラブの常連だった。

しかし犯人のクルックスはなぜ、ＡＲ15ライフルを持てたか。半年前に父親が購入したもので、全米でもかなり人気があり安売りだと５００ドルで購入可能である。このような凶器を一般のアメリカ人が保有できるのはたいそう危険なことである。

「我々の自由に対する最初の実験に警戒せよ」とジェームズ・マディソン第4代大統領（「合衆国憲法の父」）が言い残している。

「常備軍と過大な行政組織は、自由の安全な伴侶ではいられなくなるだろう。外国の危険に対する防衛手段は、常に国内の専制政治の手段だ」と。

彼はこう続けた。「政府の真の権力がどこにあっても、抑圧の危険がある」

建国以来、市民が武装するのが当然という思想的原点はこのあたりにある。米国では加えて、モラルが崩壊の危機にあるから物騒なのだ。

第2次大戦が終わって超大国となった米国にはしばらく道徳があった。モラルが高いときは例え銃で武装しても市街戦を抑止出来た。「公序良俗の時代」は長くは続かなかった。1960年代のヒッピー、フリーセックス、ベトナム反戦という左翼全盛時代になり、白人原罪論が猖獗《しょうけつ》し、21世紀になると、LGBTQなどの価値紊乱によって道徳は堕落した。嘗て道徳再武装（MRA）という道徳回復運動があった。メソジストのフランク・ブックマン牧師が発展させ、国際的な道徳と精神を標榜したこの「MRA運動」はキリスト教を基盤とした、非政府の国際ネットワークだった。

映画界を覗いてもモラルを説く作品は少なくなり、サイケやエキセントリック、暴力映画が受ける。1960年代まで映画と言えば健全で、勧善懲悪で、たとえば『ローマの休日』にしても王女がチトはめをはずしても、すぐに秩序は回復された。秩序破りで度肝をぬいたのは『ティファニーで朝食を』だった。いま回想すれば田舎と都会の価値観の相違、都会の男女関係との比較がよく分かる。

ハリウッド映画がおかしくなったのはベトナム反戦運動以後で左翼思想の過激化である。しかし反面教師として文化と教育の危機を克明に教師の現場から描き、旧世代の道徳を基調としたアラン・ブルームの『アメリカン・マインドの終焉』（みすず書房）がベストセラーとなったこともあった。１９８０年代初頭まで、モラルの回復が叫ばれていた。

いまや教育現場が悲惨な状況にある。

とくに公立学校の教師の出勤率が過去10年間に最低に落ち込んだ。それはニューヨーク、コネチカット、シカゴなどで顕著となった。全米公立学校の常勤教師３２０万人のうち８％が欠勤した場合、金銭的には44億ドルの損失を被る。欠勤増加の原因は厳しい労働条件、生徒の行動の問題（なにしろ公立学校は悪ガキが多い）、インフレ上昇による給与の低下などである。高い離職率、教師数の減少があり、代替教員も不足している。

内部にいる裏切り者

ドナルド・トランプ前大統領の口癖は、「内部の敵は外部の敵よりも危険」だ。

南北戦争の20年前に、イリノイ州スプリングフィールドでエイブラハム・リンカーンは予言的なメッセージを発信している。

「危険が近づいている兆しを、どの時点で予測できるでしょうか。私の答えは、危険が我々に迫るとすれば、それは我々の内側から湧き出るものであり、外国から来るものではありません。もし我々が破滅の運命にあるのなら、我々自身がその創造者であり、終焉者でなければなりません。自由人の国民として、我々は永遠に生き残るか、自殺するかのどちらかです」(傍点宮崎)

リンカーンはこうも発言している。「我が国が外部から破壊されることはない。もし我々が弱気になり自由を失うとしたら、それは我々が自らを破壊したからだ」

預言通り、リンカーンが大統領時代に南北戦争が勃発した。最悪の内戦となった。歴史は、内部の不和が主権国家にとって外国の侵略と同じくらい危険になり得ることを証明している。

その後、F・D・ルーズベルトが登場し、ニューディール政策から紆余曲折を経てバイデノミクスまでの約百年で、腐敗した裁判所、不法移民への国境開放、教育における洗脳、言論の自由から検閲、公正な選挙から不正投票へ、そして宗教の自由から信仰の抑圧まで、民主主義の存続はかつてないほど危うくなっている。

これらこそがリンカーンとトランプがいう「内部からの危険」なのである。その裏切りの格好の見本はジョー・バイデン大統領に代表される民主党政治なのだ。

米国を鋭角的に分裂させたのはバイデン・ハリス民主党の不法移民への対応だった。

世界史で教わるゲルマン人の大移動とは4〜6世紀にアジア中央部から欧州にかけてアジア系遊牧民のフン族の西進によっておこった。我が国の古墳時代である。ゲルマン人がヨーロッパ全域に移住しはじめ西ローマ帝国を滅亡させ、フランク王国が欧州を制覇した。ドイツ、イタリアの建国はここから派生した。先住のケルト族は英国へ渡海した。南方ではラテン系と混血し欧州文明を構築した。

フン族は匈奴《きょうど》、突厥《とっけつ》の末裔とされる。ゲルマン民族が乱入してきたため西ゴート人はイベリア半島へ。東ゴート人はイタリア、ブルグンド人は南西フランスへ。アングロ＝サクソン人はブリテン島に渡ってそれぞれが国を建国した。最も長距離を移動したヴァンダル人はイベリア半島から北アフリカに入った。

この図式に則って現在夥しい不法移民流入により、それを避けて米国内の他州への大移動が発生している。これこそ〝新南北戦争〟の序盤戦である。

トランプは不法移民の強制送還を唱えている。逆レコンキスタとでも言えようか。レコンキスタとはイベリア半島において718年から1492年までの領土回復運動を指す。8世紀にウマイヤ朝による西ゴート王国の征服、つづいてアストゥリアス王国の建国があって、700年かけて徐々にキリスト圏が南下した。逆にヒスパニック側、とくにメキシコ人からすれば、中南米からの米国への大量の移動は、もともとが「彼ら」の土地だったのだから失地回復、つまりレコンキスタとも言えるのだ。

南北戦争はいかに闘われたか

南北戦争の終結から125年を経て、1988年にも米国では大統領選挙が行われた。レーガン政権で副大統領だったジョージ・ブッシュが大勝した。このとき、筆者は選挙取材をかねてバージニア州リッチモンドに1週間ほど滞在していた。

バージニア州と言えば、別名「バージニア王朝」と呼ばれたほど歴史が古く、初代ワシントン大統領も第3代のジェファーソン、第4代マディソン、第5代モンローと大統領を輩出した土地である。南部諸州の代弁者でもあって南軍の本部がバージニア州の州都リッチモンドに置かれたのは自然の流れだった。『風と共に去りぬ』(マーガレット・ミッチェル)、

『アブサロム、アブサロム！』（ウィリアム・フォークナー）、『若草物語』（メイ・オルコット）はいずれも南北戦争が舞台背景にある。

バージニア州「リッチモンド首都圏経済開発公社」が筆者と植田剛彦（自由社社長、当時リッチモンド日本代表兼務）を招いてくれて、現地の工場見学、実業家との懇談会などハードスケジュールをこなしつつ、夜は共和党と民主党両方のパーティに呼ばれた。バージニア州は煙草の産地で愛煙家が多かった。リッチモンドに進出していた日本企業も数社あり、駐在員からも話を聞く機会があった。

なぜこんなことを書くのかと言えば、現代のバージニア州の政治感覚やその性格、政治姿勢を知って貰いたいからである。バージニア州では南軍のリー将軍はいまも英雄である。古都ウィリアムスバーグは植民地時代は「バージニア植民地」の首都だった。独立戦争にいたるまでバージニア植民地の政治の中枢だった。

昭和天皇が訪米された折、バージニア州のウィリアムスバーグ視察を希望された。ご訪米は1975年9月30日から10月14日までの2週間に亘り、帰られてすぐに皇居「石橋の間」で昭和天皇は記者会見に臨まれ、次のご発言をされている。

「訪問中いろいろ深い印象は受けましたが、おのおの特徴があってその比較はなかなかむずかしいことではありますが、一番最初のアメリカの大統領、ワシントンの私邸を訪問したことであります。私が（学習院の）初等科に入ったころ、先生からワシントンは非常に正直な人であると話を聞きました。その思い出が深いので、この訪問を一番なつかしく思いました」。

筆者らはウィリアムスバーグへタクシーで行った。古い建物群をめぐる市内歴史ツアーは馬車だった。浪漫の風情があった。

ともかく南北戦争は4年間、激烈に闘われ、アメリカは南北に鮮明に引き裂かれた。争いの中軸が奴隷解放だと言われた。農業基軸の産業構造が特徴的だった南部諸州は労働力として奴隷が必要だった。北部は産業革命が進行し、南北の経済的な、政治的な相違が拡大していった。

建国後アメリカはフランスからルイジアナを買収し、メキシコから「独立」したテキサス共和国とカリフォルニア共和国を加えた。直前の大統領選挙では奴隷制が争点のひとつになり、奴隷制の拡大に反対していた共和党のエイブラハム・リンカーンが当選した。しかし奴隷は個人の私有財産であり、リンカーン自身は奴隷制廃止を宣言していなかった。

サウスカロライナ州が合衆国からの脱退を宣言しミシシッピー州、フロリダ州、アラバマ州、ジョージア州、ルイジアナ州、テキサス州も合衆国からの脱退を宣言した（これらの州にとくに注目あれ。現在、不法移民対策でテキサスへ州兵を派遣している州とぴたり重なる）。

これら7州が「連合国」を結成、首都をアラバマ州モンゴメリーにおいた。戦争は不可避的となった。南軍が北軍のサムター要塞を砲撃し戦端が開かれた。バージニア州、アーカンソー州、テネシー州、ノースカロライナ州も連合国に合流した。バージニア州リッチモンドに南軍の総司令部が置かれた。合衆国vs連合国の対決となった。

デラウェア州、ケンタッキー州、メリーランド州、ミズーリ州、それに「バージニア州の西部」は合衆国に残った。

リンカーン大統領は南部海岸線の海上封鎖を宣言した。この封鎖は大西洋岸からメキシコ湾岸まで広範囲に展開され南部経済を激しく締め付けた。南軍（連合国）は海軍を持たなかった。北軍（合衆国）には英国海軍の間接支援がなされた。この海上封鎖作戦が、北軍が勝利する主因となった。開戦時、北部も南部も戦争の準備は全くできていなかった。合衆国陸軍は僅か1万6000人程度で、武器も米墨戦争時の旧式のもの。海軍も将兵7

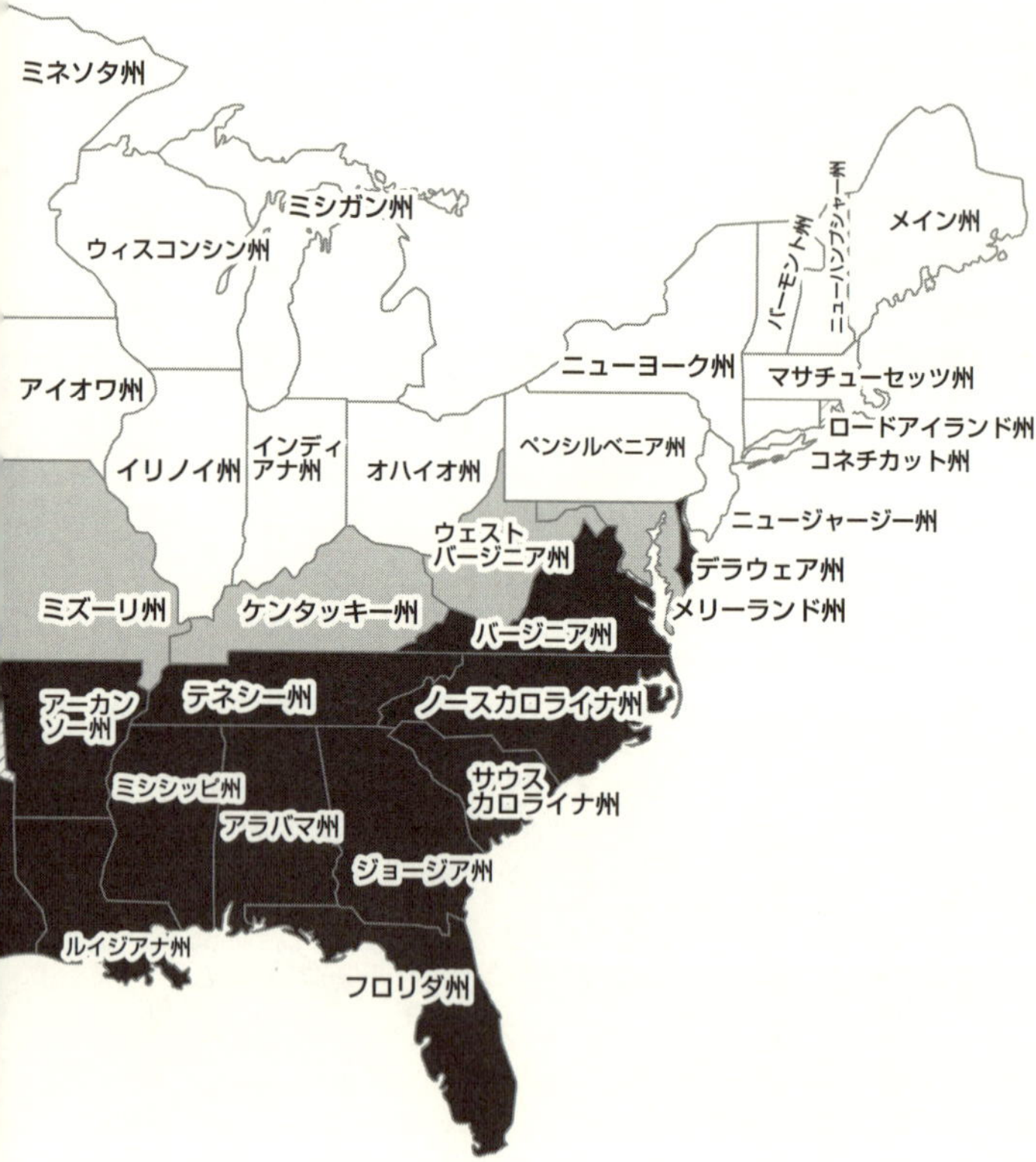
ミネソタ州
ミシガン州
ウィスコンシン州
メイン州
バーモント州
ニューハンプシャー州
ニューヨーク州
マサチューセッツ州
アイオワ州
ロードアイランド州
ペンシルベニア州
コネチカット州
イリノイ州
インディアナ州
オハイオ州
ニュージャージー州
ウェストバージニア州
デラウェア州
ミズーリ州
ケンタッキー州
メリーランド州
バージニア州
アーカンソー州
テネシー州
ノースカロライナ州
ミシシッピ州
サウスカロライナ州
アラバマ州
ジョージア州
ルイジアナ州
フロリダ州

図1　南北戦争の色分け

ワシントン州
モンタナ州
ノースダコタ州
サウスダコタ州
オレゴン州
アイダホ州
ワイオミング州
ネブラスカ州
ネバダ州
ユタ州
コロラド州
カンザス州
カリフォルニア州
オクラホマ州
アリゾナ州
ニューメキシコ州
テキサス州
北　軍（合衆国）
境界州（合衆国にとどまった奴隷州）
南　部（合衆国から脱退した奴隷州）
準州（当時は州ではなく、未開地だった）

000名と船舶42隻程度しか保有しておらず、南部はと言えば正規軍もなく海軍も存在しなかった。だから北軍が海上封鎖を展開できた。

北部と南部の間には大きな人口差があり、兵役適齢期（当初は18歳から35歳）とされた男性人口に大きな差があった。北部の兵役適齢人口はおよそ400万人だったが、南部は僅か百万人強しかいなかった。南部では兵役適齢期を17歳から45歳までに拡大し、最終的には50歳まで引き上げられた（ウクライナ戦局と似ている）。

それでも兵のなり手が足りず、黒人奴隷から志願者を募ることになった。ところが緒戦段階では北軍の優秀な指揮官が合衆国軍から南部連合に合流した。そのため北軍には将軍に任命するに足る人材が不足した。

当初、リンカーン大統領が動員した戦力は7万5000人、兵役期間は3カ月の約束だった。早期に決着がつくと考えていたからだ。最初の本格的な軍事衝突となったのは北軍のバージニア侵攻だった。これは南軍の頑強な抵抗の前に頓挫し、長期化は避けられない情勢となった。そこで北軍は黒人の志願兵をうけいれた。バージニア攻防は南軍のリー将軍が北バージニア軍に大損害を与え、北軍は攻略を諦めて退却した。ジョン・ポープ軍もバージニアへ侵攻するがリー将軍に敗北した。勢いを駈ってリーはメリーランドへの侵攻を試みた。だが、激烈な戦闘となって、今度はリー将軍が後退を強いられた。

リンカーンが奴隷解放宣言をなしたのは戦局打開のためだった。つまり「後出しじゃんけん」だ。

一進一退の東部戦線とは異なり、西部戦線では終始、北軍が優勢に戦いを進めた。北軍のユリシーズ・グラント将軍は南軍の大部隊を降伏させ、北軍はナッシュヴィルをはじめとするテネシー州全域へと侵攻し、ミシシッピ川の要衝であるメンフィスを占領した。また北軍はメキシコ湾から侵攻し、南部最大の都市だったニューオーリンズを陥落させた。

グラント将軍は次にヴィックスバーグ要塞を攻略し、ミシシッピ川の支配権を確保し、南軍の分断に成功した。北部による海上封鎖によって南部経済の主力である綿花の輸出は大打撃を受け、南部経済は混乱した。

1864年3月、グラントが北軍総司令官に就任した。南軍の1部隊は合衆国首都ワシントンDCまで迫ったが、装備、人口、工業力など総合力に優れた北軍が優勢に立った。1865年3月に北軍は大攻勢を仕掛け、南軍はついに首都リッチモンドから撤退し、西へと退却した。

貴堂嘉之『南北戦争の時代』（岩波新書）に依れば、「奴隷解放宣言」により南部の州で奴隷の扱いを受けていた黒人は解放されたものの一部地域では黒人差別が濃厚に残り、ＫＫＫが暗躍していた。

南部では現在もなお南北戦争は「北部による侵略戦争」と主張する人々が多い。

南部の黒人差別は、南部から北部への黒人の大移動が起こる原因となった。結果的に北部が勝利し、合衆国は国民国家として発展を続けることになる。米国史は北軍によって書かれた勝者の視点だから、南軍は馬鹿扱いされている。

ジェイソン・モーガン麗澤大学准教授はルイジアナ出身、南部の人々にいまも濃厚に残るメンタリティがあると言う。モーガン准教授は言う。「南部の人間からするとアメリカは分断するしか希望はない」（渡辺惣樹との共著『覚醒の日米史観』、徳間書店）。

ウィリアム・フォークナーが来日したおり、「第2次大戦で負けた日本と南北戦争で負けた南部は似た宿命を負った。やり直すしかなかった」と長野で講演している。フォークナーは南北戦争を舞台に『アブサロム、アブサロム！』を書いた。そのなかには南部の人々の悲哀が描かれた。『エミリーの薔薇を』なども哀切な南部の物語だ。リンカーンは奴隷制度への関心が薄く、それがどうであれ、アメリカ合衆国の一体化を保つためには戦争をするしかないと頻繁に発言している。

「南部からすれば、『合衆国』などまったく望んでおらず、アメリカの国家宗教ともいえる自由をアピールしながら、中央集権的な北部と縁を切って、より州に権限を委譲した『連合国』をつくりたかった」（モーガン前掲書）のだ。

「納税者の皆さん、あなたの税金を、納税していない不法移民の福祉に使います」

さきに筆者は不法移民の夥《おびただ》しさをフン族の侵入とゲルマンの大移動に喩《たと》えた。

米国では不法移民の子供が１００万人を越え学校、英語補習、スクールバスの増員で追加支出が激増した。深刻な不法移民問題の裏側である。

何故追い返せないのか。仕組みはこうである。経済難民ではなく、「政治亡命」を申請すると、民主主義と平等という手前、亡命手続き上の審査がある。裁判形式だが、これがうまみのある弁護士稼業に直結する。組織的に利益構造ができあがっている。審査ははやくても数年、場合によっては10年かかるが、この間、地方自治体はシェルターを提供し子供たちには学校へ就学させなければならない。

ＮＹ市は不法滞在者のシェルターが不足し、建設が間に合わないためにホテルにも収容している。1泊500ドルもする豪華ホテルはリストから外されたが、当初は4つ星のシェラトンホテル等にも収容していた。NY市政府が契約したホテルの宿泊料金は平均1泊156ドル。1泊300ドルを超えるホテルも含まれる。NY市政府は不法滞在者の住宅対策だけで20億ドル（3000億円）を費やした。これまでに合計48億ドル（7200億円）が納税者の税金から支払われた。契約したホテルにはマンハッタンのど真ん中に位置するものも含まれた。NY市政府はニューヨーク市ホテル協会と3年間で13億ドルの契約を締結し、ブロンクス、クイーンズ、ブルックリンの15か所のホテルで不法滞在者にシェルターを提供する。また収容所の環境が悪いため疫病発生の懼れがある。

共和党のジョアン・アリオラ市議会議員は「不法移民のために観光産業が破壊されている」と批判を展開した。「ホテルは観光客が利用するために建てられたものであり、国境を越えて毎日押し寄せる大量の不法移民を保護する目的ではない」。

コロラド州デンバーを例に取ると、不法移民の学校確保のため追加の英語の補習やシェルター建設のため1750万ドルの追加予算を組んだ。子連れが目立つのは2021年からだ。つまりバイデン政権の成立とともに急増した不法移民のうち100万人が子供である。

マサチューセッツ州では2600万ドルを支出した。生徒数が3740名のストートン校は教室がすし詰め状態となり、新たに7人の教師を追加採用した。英語補習の教員は17人になった。公立校へのバス通学で、運転手やスタッフ増員のため費用が増え、またシェルター収容のホームレスは7477世帯。このうちの半分が不法移民、それもハイチからである。シェルターからも溢れ出た移民に一部の自治体は付近のホテルを充てている。また収入があって難民シェルターから抜け出せた家庭も付近のアパートは軒並み高騰していた。現地の人々もインフレに悩まされる。

メディアが殆ど軽視してきた犯罪も、不法移民による若いアメリカ人女性に対する強姦や殺人など、凶悪な事件が急増したため大きく報道され始めた。

エルサルバドルの不法移民が強姦と殺人で起訴された。その人物は前年に「逃亡者」として米国へ入国していた。

エクアドル人の不法移民がニューヨーク市で13歳の少女を強姦および誘拐した罪で起訴された。犯人は前にも逮捕された前科があるにもかかわらず釈放中だった。

ベネズエラ人の不法移民2人がヒューストンで12歳のジョスリン・ヌンガレイを殺害した罪で起訴された。2人とも国境で逮捕されたが釈放されていた。アメリカの左翼メディアはこうした不法移民の犯罪を殆ど報じなかった。要するにバイデン・ハリスの不人気の最大の原因は、この不法移民無策、治安悪化、税金負担増への不満から来ている。

あまりの不法移民急増と治安の悪化に南部諸州は連合してテキサス州の国境へ州兵を送り込んだ。まさに南北戦争前夜だ。分裂がここまで深刻な状況にあるのだ。

テキサス州は国境の町イーグルパスに「前線作戦基地イーグル」を建設した。国境警備にあたる州兵のためにダイニング施設、トレーニング器具、レクリエーションセンターとランドリー、車両整備と武器保管施設ならびにヘリポートが造成された。カリフォルニア州はこうした動きに真逆の立場をとっているため、今後もカリフォルニア州への密入国が増える可能性がある。

テキサス州につづいてアイオワ州のキム・レイノルズ知事は「国外追放または入国拒否を受けた人々を〝犯罪者扱い〟とする法案」に署名した。不法移民に最長2年の懲役刑を科する。　レイノルズ知事は「バイデン大統領が国境警備を無視したのでアイオワ州が強化してその穴を埋めることが不可欠になった。バイデン政権は移民法の施行に失敗し、アイオワ州人の保護と安全を危険にさらした。不法入国者は法律を犯しているのにバイデン政権は彼らの強制送還を拒否している」と指摘した。

すでにテキサス州のグレッグ・アボット知事は「不法入国を国家犯罪とする法律」に署

名をすませた。不法入境は軽犯罪の範疇でしかなく、現行法では最高でも6カ月の懲役。これを再犯者には2年から20年の懲役刑を科す内容である。

一方、バイデン政権は最近だけでも不法移民の福祉に3億ドルを使った。「納税者の皆さんの大切な税金を、納税していない不法移民へのサービスに使います。人権尊重のためです」と言外に述べているのである。助成金はシェルター・アンド・サービス・プログラム（SSP）を通じて提供される。SSPは不法移民を支援するNGOや地方自治体などの非連邦団体に資金を提供している。不法移民に供与する住居（シェルター）、食料、交通手段、医療、衛生管理、施設改修、翻訳サービス、管理運営費などの費用だ。

2023年度には不法移民福祉の組織や所謂「聖域都市」に7億8000万ドル以上が分配された。「聖域都市」とは言い得て妙。それは移民に寛大で不法移民にも福祉予算をつけて都市財政が赤字になり、従来からの住民が逃げ出したロサンゼルス、シカゴ、ニューオーリンズ、ニューヨーク市、サンフランシスコなどの、不法移民にとって天国の様な町を指す。バイデン政権のもとで不法移民総数は公式統計でも790万人を超えた（本書で不法移民の数がまちまちな理由は公式統計を整合する機関がないからである）。

マイク・ジョンソン下院議長（共和党）は「バイデン政権下で米国に入国した不法移民は

１６００万人近くになる」と違う数字を出している。「ジョー・バイデンが大統領となって以来、国境を広く開き始めた。すると暴力犯罪者やテロリストも混入して来た」（ジョンソン議長）。

トランプ政権下で、米国に不法入国しようとして捕まったテロ監視リストの人数は11人だった。バイデン政権下ではこの数が３５１人に急増した。

ところがバイデンはキューバ人、ハイチ人、ニカラグア人、ベネズエラ人には2年間合法的に米国に居住し働く権利を与えた。これは「人道的仮釈放」と呼ばれ、これら４カ国から入国した40万人以上が認められた。トランプはこのバイデンを「稀な間抜け、バイデンは史上最悪の大統領」と呼んだ。

「バイデンの移民侵入で、私たちの偉大なアフリカ系アメリカ人やヒスパニック系アメリカ人コミュニティほど傷ついた人はいない。人々の仕事を奪い、多くの問題を引き起こした。わが国の社会保障システムは、不法移民によって破壊される。（こんな政策は）持続可能ではありません。バイデンは（われわれ納税者の）メディケアを犠牲にし、社会保障も犠牲にしている」とトランプは批判を一段と強めた。

不法移民が有権者となり国政を左右する

テスラ率いる億万長者のイーロン・マスクが言った。

「不法移民が有権者となれば国家的危機は目の前だ。そう遠くない将来、米国国民が国内の選挙の結果を決定できなくなる可能性がある、民主党は党が有利になることだけを望ん

不法移民はアメリカのどこへ潜り込んだか

州	不法移民の概算数
カリフォルニア	1900,000人
テキサス	1600,000人
フロリダ	900,000人
NY	600,000人
ニュージャージー	450,000人
イリノイ	400,000人
マサチューセッツ	375,000人
ジョージア	350,000人
ノウス・カロライナ	325,000人
ワシントン（西海岸）	300,000人
メリーランド	275,000人
バージニア	275,000人
アリゾナ	250,000人
ペンシルバニア	220,000人
ネバダ	190,000人
コロラド	160,000人
テネシー	140,000人
コネチカッツ	140,000人
オレゴン	120,000人
ミシガン	120,000人
オハイオ	120,000人
インディアナ	110,000人

10万人以下は9・5万人がサウスカロライナ、9万人のミネソタ州。バイデンが地盤のデラウェアは3万人。ワシントンDC2・5万、ミズーリ州の2万人。最低はウエストバージニア州とバーモント州は5千名以下となっている。

で不法移民への対策をおざなりにしてきたからだ」

マスクはこれまでオバマ、ヒラリー、バイデンと民主党に投票してきた。共和党への鞍替えは民主党のあまりの腐敗とその全体主義的体質への嫌気だった。マスクは7月の共和党大会直前にトランプ支持を明示し多額の献金を示唆した。

共和党は2024年5月8日に「平等代表法」を可決した。国勢調査局が10年毎に実施する国勢調査で「市民権」について尋ねることが義務付けられる。共和党は各州の下院議席数を決定する際に米国国民のみをカウントすることを望んでいる。

マイク・ジョンソン下院議長は、「連邦移民法に違反し、聖域政策を維持する州や都市に議会の代表を増やすべきではない」と主張し、「常識ではアメリカ国民だけが選挙人の配分の対象となるべきだ」と述べた。

ところがバイデン大統領はインドと日本を「排外主義的」と呼ぶほどの〝地球市民主義〟である。バイデン大統領は共和党案に「強く反対する」と表明し、「国勢調査局が憲法で義務付けられた責任を果たせなくなる」と、とってつけたような理由を述べた。

イーロン・マスクの主張は続きがある。

「民主党の目標は、できるだけ多くの不法移民を輸入することで米国国民の権利を剥奪することだ。地球上のあらゆる国から不法滞在者が大量に流入した現実を見れば2024年が『米国国民によって決定される最後の選挙』になるだろう」との警告である。

不法移民が合法的に投票権をもつとどうなるか。民主党が勝つだろう。とりわけ敵対する中国人移民が選挙にごっそり参加したらどうなるのか。民主党は中国人に阿《おもね》るようになるだろう。

〝トランプ砲〟はときに中国からの不法移民に焦点を絞り込むことが多い。

「かれら中国人は『経済難民』と識別されているが、この数カ月だけでも3万2000人が米国で逮捕された。（かれらはすぐに政治亡命を申請するので）強制送還が出来ず、米国に入り込む。中国人移民たちは米国内に『軍隊』を創るのではないか。なぜなら不法入国の中国人の多くが兵役適齢期であり、しかも殆どが男性だからだ」

これは恐るべき警告である。

トランプはバイデンの移民政策を痛烈に批判してきた。「〝捕まえるが、すぐ釈放する〟（キャッチ&リリース）は直ちにやめる。ホワイトハウスに入ったら『国境警備、移民法』を制定し、メキシコ国境との壁を拡充する」と主張した。実際に米国とメキシコ国境とは3145キロもの長さがあるが、壁が建設されたのは、そのうちの725キロでしかない。

バイデン政権はウクライナとイスラエル支援予算を認めても壁建設の予算は認めなかった。トランプは「法律を整備すれば、壁建設に予算がつけられ、国家事業として取り組めるのだ」と演説した。

NSA（米国土安全保障省）は6月末に不法入国した中国人116人をチャーター機で中国に送還した。2023年に南部国境で3万7000人以上の中国人を逮捕していたが、そのなかには麻薬密輸などのギャングが混じっていた。強制送還は政治亡命を擬装した犯罪者が主だという。

マヨルカス国土安全保障長官は、「移民法の執行を継続し、米国に残留する法的根拠のない個人を強制送還する」とし、次のように述べた。「不法入身密航犯罪と闘いながら、取り締まりの拡大を通じて不法移民の削減と抑止に向け中国と協力している」。

これを受けて中国国家入国管理局報道官も「逃亡犯の捜索や密輸活動に関与した人々の本国送還に向けて関係国の入国管理局と国際法執行協力を実施している」と協力的なポーズを示した。中国は2022年8月のペロシ下院議長（当時）の台湾訪問に対抗して、不法移民の送還協力停止を発表していた。このため過去1年ほど米国が強制送還する措置が執れなかった。

不法移民の中継地としてさんざん利用されてきたエクアドルが、中国人へのビザ免除を停止した。6月にエクアドル外務省は「不法移民の増加は憂慮すべき問題だ。中国人に対するビザなし待遇を7月から停止した。エクアドルに入国した中国人の半分が〝通常のルート〟を通じて90日以内に出国しなかった」と指摘した。エクアドルの公式統計によると、過去1年で6万6000人以上の中国人が入国しているが、そのうち出国記録があるのは3万4千人だけだった。

今回のアメリカ大統領選挙の最大の論点は不法移民である。慌てたバイデンは移民の規制を強化する大統領令に署名した。

そうすると、「国境越えがダメなら飛行機があるさ」が次の合い言葉となった。

共和党マーク・アルフォード下院議員らは5月30日にマヨルカス国土安全保障長官に書簡を送り、民主党政権が外国人を入国させるために仮釈放手続きを利用した不法移民40万人の詳細報告を要求した。書簡を送った共和党議員はアン・ワグナー、ブレイン・ルートケマイヤー、サム・グレイブス、エリック・バーリソン、ジェイソン・スミス、アルフォードの6人で、「バイデン大統領は法の支配を無視し、40万人が米国に直接飛行機で入国することを許可した」と非難した。

独裁政権下のキューバ、ハイチ、ニカラグア、ベネズエラの4カ国から最大3万人の移民が米国に入国して検査を受け、その後、仮釈放される可能性があるとも指摘した。これら4カ国の国民は飛行機で入国し、空港で税関の面接申請を受ける場合、国内に経済的な支援者が必要である。米国の空港までの航空券代を支払えることを証明し、麻疹、ポリオ、コロナウイルスの予防接種を受ける条件がある。この制度の導入後、飛行機で到着した移民の多くは南フロリダの空港に到着すると、「緊急の人道的理由または重大な公共の利益」を満たしているとして、当局は仮釈放してきたのだ。

バイデン政権は「仮釈放権限の合法的な使用をなすことによって、移民が犯罪組織に金銭を支払って南の国境を越えて密入国するのを抑止していることになっているのだ」とあべこべの主張をした。これは「非論理の論理化」である。

警備側からの証言も飛びだした。

国境警備隊マシュー・フダック元副本部長は「ホワイトハウスが任命した国土安全保障省の職員らが警察のメディア活動を監視していた」と非難した。「国境を守る私たちを非難し、一方的なニュースを流し、私たちは手を縛られ、実際の事実に基づいて反論したり対応したりすることができなかった。バイデン政権はトランプとは180度の方向転換だった」

南部国境の国境警備隊員はバイデン大統領の就任直後から、不法入国した移民の逮捕数が増加しているのを目撃した。わずか数週間のうちに捜査員が取り締った人数は月7万人から20万人を超えるまでに急増した。

国境で逮捕された移民を「不法移民」と呼ばないようにとのバイデン政権の内部命令に対して、反対の書簡を上司に送ったところ、その警備隊員は解雇された。これは現場でも極左活動家が活躍していたことを示している。「不法移民」とは、議会が数十年前に法律化した連邦法で使用されている用語である。

不法移民、そして厭戦ムード

移民を歓迎してきた米国が様変わりした。

むしろ推進政策に切り替わったのはクリントン政権からで民主党が選挙戦略として移民の票田を露骨に計算に入れ始めたのだ。ジョージ・ソロスが移民の市民権獲得を円滑化するために5000万ドルの基金を設立した。ゴア副大統領（当時）は、移民帰化局に圧力をかけ移民の帰化手続きを迅速化せよとした疑惑が持たれ議会に呼ばれて証言させられたこともあった。

もとより米国は移民の国だが、WASP（白人、アングロサクソン、プロテスタント）優位の移民制限があった。1882年には中国人の移民排斥法が成立している。

1924年には移民制限法ができて、日本人の移民制限もふくまれた。1965年には移民法が改正され、西半球からと東半球からの移民に人数制限まで設けられたが、法の網をかいくぐり不法移民が急増した。そのうえ、歴代政権の戦争政策の失敗で韓国、キューバ、ベトナム、ラオスからはモン族、アフガニスタンでは米国協力者などを無制限に受け入れた。

1990年に中国移民（合法）は164万人を超え、2001年には243万人強に増えた。その後も膨張しつづけ、現在の推計で450万をこえる中国人移民がいる。

これら合法移民に加え、2023年だけでもメキシコ国境で逮捕された中国からの不法移民は3万7000人に達した。連邦議会にも中国系が進出し、閣僚でも商務長官クラスは中国系が指名される。この趨勢がつづけば米国は内側から中国に乗っ取られるだろう。

あと数年で白人は少数派に転じ、アメリカのコアパーソナリティが変わる。私たちが描いてきた世界一の軍事大国、世界一の経済力、最強のドル通貨というアメリカの位置、そのパワーが崩れるのは時間の問題である。

不法移民が犯罪に走る例は枚挙に暇がないが、これら犯罪者を勇気づけ、警官の牙を抜く政治家がいる。たとえばボストン市長だ。「わたしは犯罪者の味方です。アメリカが破壊される？　それがなにか？」とでも言いたげな政治家だ。

このボストン市長は中国系ミシェル・ウー。39歳の女性。赤い思想の持ち主でアメリカの破壊が望みらしい。ウー市長は犯罪都市として悪名高いサンフランシスコ、フィラデルフィア、シアトル、デンバー、ニューヨークなどリベラル派拠点の誤った方向へ市政の舵を切った。このような左翼首長の都市では窃盗や自動車窃盗などの財産犯罪が急増している。

ボストンのウー市長は特定の犯罪を非犯罪化したい、万引きや治安妨害などの犯罪を起訴から除外し、住居不法侵入、故意による悪意のある器物損壊、２５０ドル以下の窃盗、不法侵入といった「軽犯罪」を起訴対象外とする。とくにボストン警察のギャングデータベースの閉鎖を支持し、一方で、抗議活動に関与したボストン警察の職員を解雇することも支持している。警察のギャングデータベースは、ボストンの住宅団地で何年も活動していた暴力的なストリートギャングなどの個人を連邦政府が摘発する上で、特に重要な役割を果たしてきた。警察予算を市の他の優先事項に再配分することを約束しており、催涙ガス、ゴム弾、警察犬の使用をなくすことで法執行機関の「ソフト化」を信条とする。トランプは8月19日の演説で警察予算を増やすと公約に盛り込んだ。

ついで米国を分裂させているのはウクライナ支援をめぐる継続派と中止派の論争で、これには米国伝統の孤立主義が絡む。健忘症のアメリカ人は歴史家でも戦略家でもないから戦争の教訓を忘れている。

米国はウクライナへ軍事顧問団を派遣してはいるが、米軍の直接介入を避け、経済援助、武器援助と後方の支援に巨額を投じた（7月23日の『モスクワニュース』の報道によればハリコフ近郊で『外国人傭兵』50名が死亡したが国籍は不明。3月には日本人の志願兵死亡も確認された）。

ウクライナへの「援助疲れ」と虚無感。つまりバイデン政権にとっては、「後は野となれ山となれ」の心境ではないのか。もしハリスが大統領になっても、その心境が変わるとは思えない。いずれゼレンスキーは邪魔となり、海外亡命の準備に入るのではないか。

1973年3月、ニクソン政権はJFKが始めた泥沼化、ベトナム戦争の処理に追われ、パリ協定を成立させ、米軍は撤退を始めた。ニクソンは「名誉ある撤退」と言ったが2年後にサイゴンが陥落した。親米派だった南ベトナム、ラオス、カンボジアから多くの亡命者を米国は受け入れざるを得なかった。ちなみにラオスのモン族だけでも17万人が米国へ渡った。

インドシナ3カ国はホーチミンルートに拘わったため、ベトナム戦争に巻き込まれた。カンボジアはロンノルがクーデターで全権を掌握し、1975年にポルポトの独裁が開始され、カンボジア全土がキリングフィールドとなった。総ては米国の不始末が原因である。

アフガニスタンは9・11テロの報復が動機となり、ブッシュ・ジュニアはミサイル攻撃を開始した。トマホークを洋上から50発お見舞いして、戦争準備を始めた。兵站《へいたん》がと整うと、米軍はアフガニスタン空爆を開始し、翌月にはカブールを奪還した。オバマは「アフガニスタン戦争は〝正しい〟戦争だ」と公言した。

しかしタリバンは強く、泥沼が20年つづき、2021年8月、バイデンがアフガニスタンからの撤退を命じた。じつに不名誉な撤退となり、アメリカが「育てた」アフガニスタン政府軍は雲散霧消、ガニ「大統領」は海外へ逃亡し、米軍が置き去りにした最新兵器の一部は世界のテロリストに横流しされた。後にウクライナへ供与した最新兵器の一部もすでに世界のテロリストの手に渡った。

イラクへの介入は２００３年から９年弱も続き、米兵の犠牲は４５００人。２０１１年になんだかわけがわからないまま撤退した。イラクを治めたサダムフセインが死刑となって、イランが支援するシーア派が天下を取った。逆説的な結末だった。派手に介入し、不名誉な撤退をなし、後は野となれ山となれ。明日のウクライナの命運が見えている。

生活が深刻に脅かされている

百貨店の閉店は以前から伝えられていた。ディスカウントストアや郊外のショッピングモールが隆盛し、都心のデパートへは出足が鈍る。量販店も一時の勢いがない。ネットで買い物が出来る時代には書店も陸続と店を畳んだ。これらは日米共通である。とくに日本の場合、書店数は3分の1に激減した。アマゾンが代替しているとは言え、出版界そのものが斜陽となったのはスマホの急速な普及が主因だろう。

ところが米国で現在起きている小売業の「閉店ブーム」はこれまでとは異質である。

銀行と証券の閉店は明らかにネット取引に移行したからで、フィンテックの結末だろう。全米で「閉店」「テナント募集」が目抜き通りのビルでも目立つ。とくにドラッグストアの相次ぐ店じまいの原因は治安の悪化、万引きの横行である。950ドル以下の万引きは警察がその場で釈放。経営が成り立たなくなった。

驚異的なペースで小売りチェーンが閉鎖されている。メーシー、ウォルマート、セブンイレブンも。2024年第1四半期だけで2600店舗、このペースでいくと2024年内に1万店舗が閉鎖となる。

ついで有名レストランチェーンが閉店、倒産。代表格はレッドロブスターである。「レストランの崩壊」が広がり、一等地の商業用建物に「空スペース」の看板が掲げられている。レッドロブスターは年初に93店舗を閉鎖し、近く135店舗が閉鎖される見通しとなった。5月19日に連邦破産法第11条の適用を申請した。小売り店舗の閉店数が前年比で4割増となった。バイデンノミックスはみごとに失敗したのである。

不法移民の強盗、殺人、略奪、レイプ事件が頻発しても、たとえばドイツでは報道が抑え込まれてきた。〝不法移民〟という語彙は使われず、移民にやさしく予算もふんだんにつけてきたが、国民の不満が鬱積してきた。欧州に於ける保守政党の台頭と躍進はメディアが「極右」のレッテルを貼ろうとも独・仏で第1党となり、オランダ、オーストリア、イタリアでは政権党となったことでもわかる。ドイツは不法滞在者で難民と認定されなかった移民が10万人をこえシュルツ政権はやっとこさ重い腰を上げ、凶悪なケースの難民不認定者を強制送還すると言い出した。

「マグニフィシェント・セブン」(GAFAM+テスラ+エヌヴィディア)の驀進《ばくしん》ぶりにも影が射した。テスラはカリフォルニアから本社を移した。ついでスペースXとX(旧ツィッター)も他州へ出た。

ハイテク企業とベンチャーが蝟集《いしゅう》したシリコンバレーから脱出するビッグテック企業が目立つ。中国との競争力を高めよと言いながら対中禁輸はザル法。台湾を守ると言いながら兵器供与はベタ遅れ。そして米国経済を領導してきたマグニフィシェント・セブンに独禁法などで司法省が提訴、巨額の罰金と事細かな規制。

「バイデン氏は居眠り運転をしていた」と語るのは資本家のアリソン・フィン女史で、以前は民主党への大口献金者として知られた。

「バイデン政権はテック企業と略奪者がシリコンバレーを乗っ取ることを許した。サンフランシスコは、科学実験の失敗見本。朝起きると、行くべき食料品店はなく、10代の娘たちを連れて買い物に行くショッピングモールも（閉店して）ない。大通りさえ安全ではなく、かつては素晴らしかったこの街には、高校生よりも、フェンタニルの使用者と売人の方が多い」（「フォックス・アンド・フレンズ・ファースト」、6月18日）

アリソン・フインは2008年にオバマ陣営のために数百万ドルの資金調達に協力した。「希望に満ちて、女性と有色人種の平等に焦点を当てたオバマ元大統領の〝素晴らしい考え〟を信じていた」として彼女は続けた。

「バイデン政権のもとでは大手テクノロジー企業で働かない限り、お金を稼ぐのは非常に難しい。そのテクノロジー企業ですら（いまのような政策を継続すれば）いずれ海外に追いやられるだろう。一方でトランプ陣営の準備している政策は、新興のAIやブロックチェーン企業への減税の約束を含め、新興企業により希望を与えるものだ。次の産業革命を先導するだろう。だから私はトランプに投票する」と彼女は方向転換の弁を述べた。

南部諸州は州法の改正を急ぐ

こんな惨状を見て州法改正の動きが急ピッチで進んだ。

オクラホマ州議会は不法移民の自州への入境や居住を禁止する法案を可決した。

「米国に入国するための法的許可を事前に得ずに、故意かつ許可なくオクラホマ州に入り、滞在する場合、『許されない職業』に就くことになる」。具体的には麻薬、売春など不法なビジネスに手を染めかねないとして、こう述べている。

「多くの場合、これらの人々は麻薬カルテルなどの組織犯罪に関与しており、オクラホマ州の法律や公共の安全を無視し、フェンタニルの配布、性的人身売買、労働力の人身売買を行ったり、それに関与したりしています」

「許されない職業」に関する有罪判決は最長1年の郡刑務所での懲役か、最高500ドルの罰金、あるいはその両方が科せられることになる。オクラホマ州議会が大差で可決、スティット知事が署名して成立した。

税関国境警備局（CBP）のデータによると、米国国境当局はバイデン政権下で900万人以上の不法移民をとりあえず逮捕した。キャッチ・アンド・リリース政策により、逮捕はされても釈放となるから多くの不法移民は米国社会に潜り込んだ。

アイオワ州のレイノルズ知事は「上院ファイル2340」に署名した。

「国外追放された後、米国への入国を拒否された後、または未解決の退去命令を受けている場合に、州に滞在すること、または州に入ることを軽犯罪とする」という中味だ。不法滞在の被告は麻薬など犯罪に関連した軽犯罪で2つ以上の有罪判決を受けているなど、特定の状況下では重罪となる。

レイノルズ・アイオア州知事は「不法入国した人たちが法律を犯しているのに、バイデンは彼らの国外追放を拒否している」と述べた。

テネシー州のリー知事は、不法滞在者を発見した場合、州当局に連邦移民局と連絡を取ることを義務付ける新法に署名した。テネシー州下院議員らはバイデン大統領が国境警備を怠っていることがこの法の必要性だと非難した。

ジョージア州では議員らが看守に受刑者の入国ステータスの確認を義務付ける下院法案を可決した。

ルイジアナ州は、州警察が州内で不法移民の疑いがある人物を逮捕できるようにする共和党主導の法案の動きが顕著となり、4月に法案は下院を通過した。或る共和党議員は「ルイジアナ州は国境を確保し、不法移民危機に対処することに一歩近づいている」と述べた。

ニュー・ハンプシャー州はカナダから米国に不法入国した容疑者を警察が不法侵入罪で告訴できるようにする法案を可決した。

民主党知事の州ではこのような法案は議会で議論されていない。次の選挙では多くの州知事も改選となるので国民の判断が出る。不法移民の扱いがヒューマニズムに基づき、不法移民の犯罪を叫んで抑制に動く人たちをレイシストと罵詈雑言してきたのは正しかったのか、間違いだったのか。

さらに深刻な問題は不法移民が有権者登録し、それが民主党の大票田となることである。チップ・ロイ下院議員（共和党、テキサス州）は、不法移民が連邦選挙で投票しないことを保証する法案（「米国有権者資格保護法」＝仮称）を提出した。すでにマイク・ジョンソン下院議長（共和党、ルイジアナ州）の支持を得た。ジョンソン議長はトランプ前大統領との会談でも当該法案の提出を明言した。

適切な有権者以外の投票は違法だが、過去の最高裁判所の判決で「有権者が国民であることを保証する州の権限」が制限されてきたため不正がまかり通っていた。

たとえば州によっては運転免許証だけで市民権の証明とし有権者登録を認めてきた。現行法の遵守を確保するため有権者登録に関する保護措置を強化することがロイ議員らの目的である。すなわち州レベルでは「申請者は米国市民権を証明する文書を提示しない限り、連邦公職選挙の有権者登録申請書を受理し、処理してはならない」と要求している。

ジョンソン下院議長は「学生ビザを持つ人々が法律を破り、一般国民の生活を破壊し、実際にはアメリカ国民で法を遵守する学生を脅迫する行為はいかなるものか。しかも大学の建物を占拠し、他の学生たちを物理的に脅迫したりするのを目撃している。彼らは不正投票に走るだろう」と懸念を述べた。

ID（身分証明書）、米国パスポート、軍用IDカード、または出生証明書など市民権を確認するリスト、ほかに米国で生まれた証明、あるいは米国に帰化した国民であることを示す記録、または養子縁組証明書を必要とすることなどが法案に盛り込まれた。

同法案はマイク・リー上院議員（共和党、ユタ州）によって民主党が多数を占める上院にも提出されたが上院を通過する可能性は民主党政権が続く限り考えにくい。

リー上院議員は「何千人もの不法移民に有権者登録用紙と運転免許証が与えられ、投票日に不法投票ができるようになっている。投票はアメリカ市民権の神聖な権利であり責任であり、他国の人々に選挙へのアクセスを許可することは、アメリカの安全と自治に重大な打撃を与えるだろう」としている。

なにしろバイデン大統領が就任してから最大1600万人もの不法移民が入国した可能

性があり、選挙の公正を脅かしている。

囚人に寛大な州もあれば、予算不足で対応できない州も

アメリカの囚人1人当たりのコストが発表された。

米国の受刑者数は約120万人である。2023年6月に更新された米国国勢調査局データから計算すると、年間800億ドル（12兆円）が囚人のために費消されていることになる。

このうち大部分は医療提供者や食品供給業者など、刑事司法制度に携わる4000社以上の業者への支払いである。州予算の大半は刑務官の給与を含む日常業務に充てられる。カリフォルニア、ニュージャージー、マサチューセッツなどの高賃金の州では、刑務官はミシシッピ、ミズーリ、ケンタッキーなどの低賃金州に比べ、2倍の給与体系となっている。

この結果、支出額はアーカンソー州の囚人1人当たり2万3000ドル弱（約345万円）からマサチューセッツ州の3万7468ドル（約562万円）まで大きな巾がある。な

にしろマサチューセッツは州を上げて犯罪者にやさしい。ボストン市長は犯罪者の味方のようだ。

カリフォルニアは万引きを放置した結果、薬局などの量販店は殆どが店舗を閉めた。「万引き倒産」のディスカウントストアが続出したことはみた。

ことほど左様にアメリカは悲惨な状況下にある。

2024年8月23日のアリゾナ州において今回の大統領選の流れが変わった。

それまで無所属で大統領選挙を戦ってきたJFKの甥、元司法長官の息子、RKJ（ロバート・ケネディ・ジュニア）がキャンペーンを中断し、トランプ支持にまわると、トランプ集会でトランプと一緒に壇上にあがり、明言したのである。左派メディアは、ショックのあまり、大きく報じなかった。

RKJの選挙は10の州で投票候補の対象にされないという民主党からの徹底妨害を受け、さらにボディガードをバイデン政権が拒否し続けたため、RKJは選挙資金の半分以上を自ら雇用したボディガード費用に回さなければならなかった。ケネディ一家はいまも民主党であり、ケネディ一族はRKJの立候補にさえ反対してきた。

降板の条件としては、次期トランプ政権での重要ポスト（司法長官かCIA長官）が噂され、ニコール・シャナハン副大統領候補は「保険厚生」のトップの座がのぞましいとした。

ＲＫＪはウクライナ支援停止、とくに「腐敗した利権」構造のアメリカの政治体制を批判してきた。かれの主張はトランプの言っていることとあまり変わりが無かった。「トランプが民主党候補として出馬していたような印象」だった。

第2章

トランプが分断を鮮明にする

トランプはひっくり返す

週刊誌『タイム』（2024年5月27日号）の特集は「トランプ」だった。

この時点で既に米国を動かしているのはバイデンではなく、トランプであるとでも言いたげな、まるで元首扱いの特集号。もとより『タイム』は2016年予備選で泡沫扱いされていた頃からトランプの躍進をいちはやく注目し、何回もカバーストーリーを組んできた。相性が良いのである。トランプ前大統領の別荘マール・ア・ラーゴでインタビューは2日間に亘った。

トランプはインタビューのなかで、国境警備、移民対策、経済政策、中絶、外交問題に至る争点をすべて取り上げ、率直な意見を述べている。絞り込まれたテーマは「法と秩序の回復」なのである。

トランプ前大統領は、不法移民の国外追放作戦を開始すると明言した。

「アイゼンハワー大統領の大量国外追放を再現したい。警察や州兵を動員して行う。もし事態が制御不能になったら、軍隊を動員する。米国は安全がなければなりません。私たちの国には法と秩序がなければなりません。『聖域都市』はあちこちで失敗しており、聖域都市に賛成していた人々がそれを廃止せよと要求をしだしている」

外交政策について、特にイスラエル問題でトランプは、

「イスラエルへの援助に条件を付けることは排除しないが、イスラエルとハマスの紛争の早期解決を目指す。私のイスラエルに対する実績と支持は明らかであり、イランに強硬だった経歴も明らかだ。『イラン核合意』白紙化を再実行する。私はイスラエルのゴラン高原領有を支持した。米国大使館を各国に先駆けてエルサレムに移転させた」

と語り、イランに対し強硬路線を取ることを示唆した。

また西欧への不満も噴出した。ウクライナ支援は続けるがNATOが米国より支援が少ないのはどうしたわけだとトランプは吠えた。

NATOの防衛分担に関してトランプ前大統領は「国防支出が不十分である。欧州諸国が公平な分担金を支払う限りNATOに問題はない。公平な負担に応じているのは8カ国しかない。ウクライナ支援にしても、死活的な安全に繋がるのは西欧諸国であり、それがなぜ米国のウクライナ支援より（金額が）少ないのだ。カネの問題が第1である」。

トランプがこだわるのは「公平な負担」である

中絶に関する連邦法の制定の可能性についてトランプは、「そのような措置は上院で必要な票を獲得できない。オハイオ州やカンザス州など保守的なところでの立法措置からもわかるように、中絶問題は各州の判断に委ねられるべき」との立場を繰り返した。

また米国内に反白人偏見があることを認め、バイデン政権の政策を批判し、白人やカトリック教徒を含むさまざまな集団に対する差別に懸念を表明した。

台湾に関してトランプはこう言った。

「中国は私が何を考えているかをよく知っているだろう。台湾防衛に関して手の内を最後まで見せるべきではない。態度を曖昧のままにすれば（中国も対応が鈍る）」。

韓国に関しては、その軍事的保護に対する米国への財政的負担について、「バイデン政権が韓国の負担減額を交渉している」と批判したうえで、トランプは、「4万人もの米兵が韓国に駐留し護っているのに韓国の負担が少なすぎる。韓国が貧しかった時代はともかく、いまや豊かな国になった。防衛シェア費用を増やすべきだろう」

ここまでアメリカが分裂状態に陥ったのは、イデオロギーの背景があるはずで、国家の破壊を狙う思想が「グローバリズム」とかの妖しげな考え方だ。かつてのフランクフルト学派の革命理論を蓑笠で隠した二段階理論である。理論的支柱の1人が作家ソール・アリンスキーだ。かれの煽動は次にまとめられる。

一、ヘルスケアをコントロールし、あなたが人々をコントロールする

一、貧困レベルをできるだけ高くすると、貧しい人々はコントロールしやすくなり、もしあなたが彼らに生きるためのすべてを提供していれば反撃しなくなる。

一、負債が持続不可能なレベルまで増加すると、増税が可能になり、さらなる貧困が生み出される。

一、銃規制とは人々が自分自身を守る能力を政府から剝奪するわけで、警察国家を作ることになる。

一、福祉の管理：生活のあらゆる側面（食事、住居、収入）を管理してしまう。

一、教育の統制と支配。何を読んだり聞いたりするかをコントロールし、子供たちが学校で何を学ぶかをコントロールする。

一、宗教の抑制と排除、とくに政府と学校から神への信仰を排除する。

一、階級戦争‐国民を富裕層と貧困層に分ける。これはさらなる不満を引き起こし、貧しい人々の支持を得て富裕層から（税金を）奪うことが容易になる。

オバマ政権が企図した「オバマケア」は日本的な国民皆保険制度だが、議会が反対した。ヒラリー・クリントンは卒論にアリンスキーを選択した。机上の空論ではなく有力政治家の脳幹に影響を与えたのである。

「全米の主要メディアとSNSを牛耳る左翼勢力は〝凶悪な犯罪組織〟だ」とバア元司法長官が重要な発言を繰り出した。

バア元司法長官はトランプ政権末期、身内からトランプを批判したことで知られるが、反トランプではない。バアは2024年4月20日、FOXテレビのインタビューで次のように語った。

「問題がトランプ自身の行動にあることは事実ですし、選挙後、それが非常に厄介だと感じたこともあった。しかしトランプ氏が独裁者となり、権力を掌握するという考えは我国が直面する脅威ではありません。脅威は極左集団の跳梁跋扈であり、実際に社会主義的な制度へと向かいつつある傾向は、保守陣営からの反対を許さず、人々の参加を取り消し、大学で教える視点が1つしかなく、子供の教育に関して親を排除しようとする。彼らは強硬な凶悪犯の集団です」

バア元司法長官はつづけた。

「バイデン大統領は国境に関する法律を施行していない。彼は勤勉な納税者やその恩恵を受けられない人々に負担を課すことになる数百億ドルの借金を容認している。裁判所はすでに民主党政権の権限逸脱を指摘したが、バイデンは票を買うために選挙前に（大学ローンの減免など）を実行しようとした。これは無法かつ卑劣な行為です」

魔女狩りと宗教裁判と

5月30日、ニューヨーク州裁判所で、NYタイムズの読者が大半という陪審員たちはトランプ前大統領の口止め料問題で34項におよぶ財務処理改竄疑惑を「有罪」と結審した。本来なら軽犯罪扱いだが、左翼裁判は軽犯罪どころか重罪にロジックをすり替えた。まさしくバア元司法長官が指摘した「無法かつ卑劣な行為」、つまるところ宗教裁判である。

トランプ前大統領は記者会見をひらき、「すべてはバイデンとその仲間のやったペテン裁判であり、もちろん控訴する」とした。

メディアの報道ではトランプ支持の一部の有権者を引き離す可能性が高まっているとしたが、逆にトランプへの政治献金は24時間で83億円を越えた。NYのお膝元で開催したトランプ支持集会には2万5000人が集まった。

へんてこりんな裁判は選挙妨害の最たる悪例だが、トランプ前大統領が有罪となり、懲役刑を宣告される可能性は十分にある。司法制度を左翼は巧妙に活用し、政治武器としたからである。米国憲法第2条第2項は軍の最高指揮官として弾劾に関する恩赦を認めても、州法には適用されない。大穴はこれだ。NY州裁判で恩赦を命令できるのは大統領ではなくNY州知事である。NY州知事は赤い左翼、NY市長も救いのない左翼。結局、最高裁での逆転を待つしかない。

トランプ陣営は弁護士費用だけで資金枯渇となった。これが民主党政権の狙いなのだ。すなわち、アメリカに裁判所は多くあるが、全米を統一したような司法ではない。

2020年の大統領選挙は不正投票があちこちで発覚し、トランプは結果を否定した。トランプの様々な疑惑が徹底的に捜査される一方で、ジョー・バイデンの外国との関わり（ハンターを通じて）は露骨なまでに隠蔽された。ハンター・バイデンのラップトップ事件はFBIが1年前から証拠物件として保有しており、検証するのは簡単だった。

にもかかわらずFBIはフェイスブックやツイッターに「あれはフェイクニュースだ」として、ニューヨーク・ポストの記事の共有を禁止するよう勧告した。いったいFBIは誰の味方か？

メリック・ガーランド司法長官は、「公明正大かつ緊急性をもって、この事案を完了させるために正しい選択だ」などといって特別検査官にスミス検事を任じた。トランプ前大統領はスミス検事を「狂人」と呼び、自分に対する「政治的魔女狩り」を率いているとした。スミス特別検察官はトランプ前大統領を2回起訴した。2020年大統領選の結果を覆そうとしたという言いがかりと、機密資料を不正に取り扱った事件である。スミスは以前、バージニア州知事を汚職容疑で有罪にしたが、最高裁は全員一致で覆した。要するにスミスは陪審員を欺いたのだ。

ジョージア州選挙干渉では地方検事のファニ・ウィリスがトランプを起訴するために選んだ外部弁護士が、嘗て彼と恋愛関係にあったネイサン・ウェイドだったことが判明した。

民事判決でトランプは3億5000万ドル以上の支払いを命じられた。銀行はすでに利子付きで全額返済されていた。トランプはマール・ア・ラーゴの価値を4億2650万ドルから6億1200万ドルであると主張したがエンゴロン判事がマール・ア・ラーゴの価値は1800万ドルから2700万ドルであると主張しトランプ側の評価額と市場価格を一方的にトランプ不利に評価した。不動産評価はプロの仕事であり、判事の意図的な評価は難クセである。

キャロルという女性が随分と昔にトランプから性的暴行を受けたと告白した。この事件の時効は過ぎていたが、ニューヨーク州は前例のない行動を取り、キャロルがトランプを告発した時点まで遡って性的虐待の申し立てを行えるようにした。最終的に陪審はトランプがキャロルをレイプしていないと判断した。

これらはすべてトランプの印象を悪くするための悪意に満ちた情報操作の一環であり、伝統的に世界中の左翼が得意とする法廷戦術である。

あまりに不公平で偏向した裁判の連続は、かえってトランプ支持者の岩盤を強固にしている。いずれの裁判も魔女狩りである。

ウクライナ平和会議でも分裂

「ウクライナのNATO加盟は、まずロシアとの戦争に勝たなければならない」と米国が言えば、プーチンは答える。「モスクワが領有する領土からウクライナ軍の撤退、NATO加盟を放棄することが交渉開始の条件である」

スイスで開催されたゼレンスキー主導の「ウクライナ平和会議」(2024年6月)は無残な失敗に終わった。そもそもバイデンが欠席し、代理のカマラ・ハリス副大統領もそそくさと帰国し、ドイツのショルツ首相も予定を早めて帰国した。不協和音が鳴り響いた。

そのうえ「次のウクライナ平和会議は西側諸国では開催されない」と、スイス大使ガブリエル・ルッヒンガーが述べた。

それもこれもロシアを招かず、中国は早々と欠席を表明したため、最初から開催の意義が希薄であり、そのうえインドはゼレンスキー大統領の「平和会議」宣言への署名を拒否した。ブラジル、サウジアラビア、南アフリカ、UAE、メキシコ、タイ、インドネシア、ヨルダン、イラクなど12カ国は最終声明に署名しなかった。

ウクライナが勝つ？

ＮＡＴＯが全面的にロシアと戦端を開くなら話は別だろうが、マクロン仏大統領がフランス訓練チームをウクライナへ送り込んだことに、スペイン、イタリア、ハンガリーなどは露骨に反対した。したがってＮＡＴＯの全面参戦などはあり得ず、ということはウクライナが勝つ展望はほとんど考えられない。

『アジアタイムズ』が冷静に報じた

「ウクライナは崩壊の危機に瀕している。ウクライナ軍は兵力が不足しており、軍の死傷者が多い。状況は日に日に悪化している。ウクライナは兵士を補充できず、強制徴兵プログラムでは訓練を受けた人員を補充することができない。ＮＡＴＯの指導者たちはウクライナの崩壊を恐れている。彼らはロシアが次に何をするかを推測しているが、ウクライナを救う選択肢はほとんど残っていない。比較的少数のＮＡＴＯ兵士を派遣することは解決策ではない。それはヨーロッパがすぐに遺体袋でいっぱいになることを意味する」（６月３日）。

4月頃まで、トランプのランニングメートとして、副大統領候補としての注目がトゥルシー・ギャバードに注目が集まった。

第1にギャバードは女性である。第2に少数民族出身という条件をみたしている。第3に彼女が民主党幹部（全国委員会副議長）だった〝輝かしい〟履歴。第4がイラクで戦った軍歴があること。彼女は最年少でハワイ選出下院議員、2020年には民主党の大統領候補予備選に出馬した。トゥルシーはヒラリー・クリントンへの痛烈な批判で知られ、そのうえに美人だ。難点がもしあるとすれば、彼女がヒンズー教を信奉するインド系であることだ。ちなみにニッキー・ヘイリーもJ・D・ヴァンス副大統領候補夫人もインド系である。

トゥルシー・ギャバードの『国を愛するために』はベストセラーとなった。彼女はそのなかでこう書いた。

「無駄な時間はもう無いのです。私たちの国は激しく分裂しています。共和国として、労働組合としての私たちの将来は暗い。騒音、狂気、暗闇・・多くを締め出してサーフボードで海に漕ぎ出したり、山にハイキングに出かけたりして、母なる自然の平和と雄大さを味わいたい」

　ギャバードは、なぜ民主党に絶望したかを語った。

「狂気が消え去ることを期待して目隠しをして生活を続けるには、あまりにも多くが危険にさらされています。私たちが立ち上がって、この国を破壊しようとしている人々に、私たちの政府は国民の、国民による、国民のための政府であることを思い出させない限り民主主義に対する狂気と脅威は消えることはなく、増大するばかりです。私がハワイで民主党に入党した当時、国民のための言論の自由を尊重し、参加者全員を大きなテントに歓迎し、多様な意見や意見を共有する政党のように見えました。第2次世界大戦中、日系人の隣人や友人たちが強制収容所に放り込まれ、一瞬にして自由が奪われたことを思い出しながら市民の自由と権利のために闘う政党だった。それはJFKとマーティン・ルーサー・キング・ジュニア牧師に触発された政党でした。アメリカ人として団結すれば何が可能になるかを示してくれました。その党はもはや存在しません」

　エセ民主主義の偽善者が民主党のエリートだとギャバードはさらに批判を続けた。

「民主党はあらゆる問題を人種差別化することで私たちを分断し、反白人人種差別を煽り、神から与えられた自由を損なうために積極的に活動する、卑劣な『目覚め』（WOKE）に煽られた『戦争屋』のエリート主義陰謀団の完全な支配下にあります。憲法に明記されており、信仰と精神を持つ人々に敵対し、警察を悪者扱いし、法を遵守するアメリカ国民を犠牲にして犯罪者を保護し、安全だと主張しながら国境を開いたままにしました」

大手メディアが伝えない少数意見を補うのはSNSのほか出版がある。トゥルシー・ギャバードのベストセラーに加えて政治家の著作には、ランド・ポール上院議員の『欺し』、テッド・クルーズ上院議員の『反WOKE』と『司法の腐敗』、ロン・ディサンテス（フロリダ州知事）は『自由であるための勇気』、マイク・ポンペオ前国務長官は『愛国者としての戦い』、また評論家たちの著作も目立ち、たとえばピート・シュワイザーが『血染めのマネー』、ジェイソン・シャフツ『操り人形たち』、デヴィビッド・ポウソン『内部の敵』、ジェイムズ・リンゼイ『教育のマルクス化』、ディビッド・マコーミック『危機に立つ大国』、そして直近のベストセラーはマイク・ゴンザレス&キャサリン・コーネルゴルカ共著の『次のマルクス世代』（全て本邦未訳、題名はいずれも筆者がつけた仮訳）。後者は60年代の反戦運動の活動家が大学教授やジャーナリスト、官僚トップとなって社会を左傾化させた実態を描き、まるで日本とそっくりな似非インテリたちの暗躍の実相に迫る。

「貧しい白人」から努力で成功したヴァンス

トランプ暗殺未遂事件で何が変わり、何が変わらないか?

たしかに7月13日を境にして潮が変わった。トランプ前大統領暗殺未遂事件により極左メディアがトランプ前大統領に対して流しつづけたフェイク、非人間的なプロパガンダを短期的にトーンダウンさせた、しかしフェイクはすぐに復活した。安倍元首相暗殺に某新聞は一片の同情も示さなかったばかりか、国葬反対などと唱え、さらには統一教会に問題をすり替えたのと同様に、アメリカの左翼メディアには反省の色がない。

トランプをヒトラーとする画面は消えていないし、「サロメ」の劇では銀盆に首を乗っける気味悪い場面があるが、SNSには血だらけのトランプの首を描いたものが出回っている。左翼系メディアには一片の同情心も、団結心もない。

しかし共和党大会に臨んだトランプは演説草稿を全面的に書き換え、バイデンの無能や腐敗攻撃を引っ込め国民の団結を強調した。

共和党大会では先鋭的な仲違いをなし、出席を予定していなかったニッキー・ヘィリー元国連大使も参加した。トランプが直接、彼女に電話をかけて「共和党の団結」のために演説を依頼した経緯があった。

そして副大統領候補にＪ・Ｄ・ヴァンス上院議員を指名した。ヴァンスはベストセラー作家から、政治家に転身し２０２２年の中間選挙でいきなり上院議員に当選したばかり。政治家として海のものか、山のものかも未知数。トランプはヴァンスに期待し、「自分の任期の後の８年間、米国を託せる人物を選ぶ」としていた。

日本では読書好き、映画マニアなら彼の名前を知っているかも知れない。ヴァンスはちょうどトランプの息子のような若さ。39歳。『ヒルビリー・エレジー』を書いて世界的なベストセラーとなった。日本語訳は原題そのものの『ヒルビリー・エレジー』、中国語訳は『絶望者之歌』である。ほかにイタリア語、ポーランド語、フランス語版もある。映画の邦題は『郷愁の哀歌』だった。

この作品は白人労働者階層の悲哀を祖父母や故郷の人々との経験やアイデンティティ、そのアメリカの田舎の風景と心情を描き、多くの人々の共感を得た。本人は故郷の公立高校を卒業し、海兵隊に入隊、イラクに派兵された。除隊後、オハイオ州立大学、それからイェール大学のロースクールで修士号を取得。オハイオ州の共和党予備選で突如、上院選に名乗りを上げ、ドナルド・トランプの支持を得たので勢いがでた。民主党候補のティム・ライアンを破り上院議員となった。政治経験のない人物がいきなり連邦上院議員だからメディアが注目するのは当然だろう。

バイデンは共和党副大統領候補に指名されたJ・D・ヴァンスを「トランプのクローン」だと評した。

そうだ。ヴァンスがトランプと共鳴したのは「アメリカファースト」である。やや孤立主義的であり、強制送還を含む移民対策の強化を訴え、ウクライナ支援強化に反対し、同性婚と中絶に反対し、日本製鉄によるUSスチール買収に反対している。ただし中絶禁止の法律は州に任せるという点もトランプと同じである。

もっとも重要なポイントは中国に対しての強硬な基本姿勢であり、米国の最大の敵という認識である。そのためにはウクライナ支援継続は意味が薄いという国際情勢の認識を抱く点でも同じ基軸から発想している。トランプは中国の背後にあるロシアを地政学的に活用するにはプーチンとの関係を良好なものにしなおすという戦略的思考がある。

J・D・ヴァンスはその自伝『ヒルビリー・エレジー』をこう書き出している（ヒルビ

リーは「田舎者」という意味)。

「私はラストベルトと呼ばれる一帯に位置するオハイオ州の鉄鋼業の町で貧しい子ども時代を送った。その町は、仕事も希望も失われた地方都市である」(中略)「将来に望みのない子どもの1人だった。高校では落第しかけ、この町では誰もが抱く怒りやいらだちに屈しかけていた」(関根光宏、山田文訳。光文社未来ライブラリー)。

彼は海兵隊に応募した。イラクに派遣され、社会秩序の必要性を経験して、祖国を実感し、そして米国の矛盾を知った。オハイオ大学を奨学金とアルバイトで卒業し、つぎに、イェール大学のロースクールをめざす。アイビーリーグに合格する人間は町にいなかった。ヴァンスの人生への挑戦が始まった。彼は母親の不倫や薬物中毒、夫婦げんかをいやというほど観ながら、しかし挫けなかった。家族は血筋がバラバラでも団結していた。アメリカンドリームを体現したいと日夜努力した。

その苦労ばかりの体験を素朴に書いた。修辞はゼロ、感嘆符も形容詞もなく、文章の技巧がない、ありのままを何も飾らずに綴った。

ウシュ夫人はインド系移民2世でサンディエゴで育った。エール大学で同級生だった。そのうえ『米国社会の衰退』を討論するグループで同じだった。ウシュ夫人は歴史を専攻した。ふたりには2013年に結婚し、3人の子供に恵まれた。

「自伝が当たった以後のヴァンスは『ヒルビリー・エレジー』から『シリビリー・ラプソデー』に変わった」とSNSで比喩した評論家がいるが、「シリビリー」は米国メディアの造語でたぶんシリコンバレーの金持ちという意味だろう。

J・D・ヴァンスは博士号を取得してエール卒業後、しばし法律事務所に属したが、起業家精神を試そうと、オハイオ州で「ナルヤ・キャピタル」を立ち上げた。ピーター・ティール（PAY PAL創設者）も出資した。やがてサンフランシスコへ移住し、ヴァンスは「ミスリル・キャピタル」で2年を過ごした。同社CEOはピーター・ティールだった。腕をみがき次にステーブ・ケース（AOLの共同創設者）がCEOの「リボルーション」に移籍した。つまりヴァンスはファンドマネジャーでもあったので経済政策にも通暁している。

トランプの応援を得ていきなり上院議員に立候補し、民主党の対立候補に20万票の大差をつけて当選した。議会歴2年にも満たないのにトランプに見込まれて副大統領に指名されたのもトランプ選対のオハイオ州担当がとトランプの長男のエリックだったからだ。エリックはヴァンスと共鳴し合っていた。

米国の上院議員は6年が任期で途中欠員となってもやり直し選挙はなく知事が任命権をもつ。ヴァンスが副大統領となればオハイオ州選出の上院議員はどうするのか。現在のオハイオ州知事はマイク・デワイン（共和党。元上院議員）で、J・D・ヴァンスの空席は反WOKE運動で予備選にもでたヴィヴィック・ラムスワミ（実業家）が有力だろうと各紙が予測し始めている。

7月14日からウィスコンシン州のミルウォーキーで2268名の代議員が集まって開催された共和党大会は、2日目にニッキー・ヘイリー元国連大使が演説した。ミルウォーキーは民主党の牙城、過去65年共和党が勝ったことがない。敵地に乗り込んだ格好である。

さて、この舞台にイーロン・マスクが闖入《ちんにゅう》する。これまで民主党を支持してきたマスクは、共和党支持に変わり、ツィッターを買収してXとし、またウクライナ緒戦ではスペースXを提供してウクライナの通信網を再構築して危機を救った。マスクはトランプ選対に巨額の献金を計画していた。実現すれば、空前の政治寄付行為となるだろう。

狙いは何か？　EV対策以外考えられないのではないか。

トランプもヴァンスもEV普及に関心を持たず、自動車労組の雇用確保、ガソリン車擁護、資源開発拡大を唱えている。そのうえ中国製EVには100%関税、メキシコからのEV輸入にも高関税をかけると言っている。となると、マスクのビジネスはあがったりになるではないか。

マスクは上海でテスラを製造し、メキシコにもテスラのEV工場を造成すると言っていた。ところが、トランプが考えているメキシコ製EVへの高関税適用は中国BYDだけが対象ではないのだ（後者は北米自由貿易協定違反だから実現は無理だろうが）。

共和党綱領が発表された。すべてがバイデン政策の否定である。

仮想通貨規制、AI規制などを撤回し、気象変動対策を廃止する。テキサス州など南部へは、「州兵」ではなく「軍隊」を派遣する。中国のWTO最恵国待遇を廃止し、エネルギー開発で巻き返しを図る等、市場は歓迎しエネルギー、軍事関連株が急騰した。

イスラエル支援でも分裂

イスラエルとウクライナ支援予算は紆余曲折を経て下院で可決されたが、驚くべし、国内の治安対策、とくに不法移民対策への予算はゼロ。

バア元司法長官が指摘するとおり、「社会主義的な制度への傾向は、保守陣営からの反対を許さず、大学で教えられる視点が1つしかなく、子供の教育に関して親を排除しようとする。彼らは強硬な凶悪犯の集団である」

バイデンがあまりに不人気なことは誰もが承知していたが、ニューヨークタイムズは極左リベラル、民主党支持の岩盤、イスラエル支持だった。その基本の編集方針が微妙に変化した。同紙はジューヨーク（ユダヤ人のNY）タイムズとの渾名もあった。ハマスがイスラエルを奇襲し多数を殺害、多くを人質に取った。テロに激怒した同紙はハマス、関連でヒズボラ、フージなどを激しく批判した。イスラエルの報復作戦が残酷悲惨な軍事行動となると、次第に論調が変った。

左翼世論をリードしてきたニューヨークタイムズは、「ジューヨーク」タイムズから「パレスチナタイムズ」へと変身を遂げていた。

ＪＦＫが介入しはじめたベトナム戦争は、ジョンソン政権で泥沼にはまり込み、戦争は悲惨な状況となった。ニクソン大統領は戦争の早期終結をめざし、秘密裏の交渉を始める一方で、ホーチミンルートを叩く「北爆」（ラオス、カンボジアを爆撃）を継続してベトコンとの協議に圧力をかけた。ベトナムでアメリカ兵3万人近くが死亡した。

ガザへの米軍の介入はない。ハマスの奇襲に対してのイスラエル軍の報復で数万人のパレスチナ人が死亡し、ガザ地区は廃墟となった。イスラエルの軍事攻撃支持率は2023年11月のギャラップ世論調査で50％だった。年が明けて36％に低下した。にも拘わらずバイデン政権がイスラエルに追加140億ドルの支援を決めたため民主党支持者のかなりが反バイデンを旗幟鮮明にした。全米の大学でパレスチナ支援の抗議集会が開かれ暴力化した。かと言ってかれらはトランプに投票するのではなくおそらくRKJ（ロバート・ケネディ2世）に流れると考えられた矢先の8月23日、RKJはレースから降りてトランプ支持に転じた。

学生らのデモに対してバイデンは「抗議する権利はあるが、混乱を引き起こす権利はない」と述べた。

1970年代、米国の大学には720万人の学生が在籍していた。女性が41％を占めた。当時、黒人学生は7％だった。現在、米国の大学には1500万人を超える学部生がいるが、白人学生は41％、ラテン系学生が18％、黒人学生が11％、アジア系学生が6％を占め、性別では女子学生が男性を上回っている。そして女性は投票率が高く、とくにZ世代（90

年代後半以降生まれの世代）は伝統的な価値観に囚われない特徴がある。彼女らの多くはカマラ・ハリスに流れるだろう。

LGBTQはアングロサクソンの個人主義から生まれた

「スタテスティック」社が実施したLGBTQに関しての世論調査がある。どれほど実相に近いかは別にして初めて世界43カ国の成人を対象としたものである。

国別に見ると、米国、フィリピン、イスラエルがLGBTQ自覚者が最も高い割合を示し、それぞれ約11％だった。僅差でタイとカナダが成人の10％。10人に1人という高率である。つづいてスウェーデン、ブラジル、オーストラリアがは9％、英国、スペインが8％、ドイツ、フランスが7％、アイルランド、トルコが6％、ポーランドが5％だった。

とくに米国における性的指向の内訳は3％がゲイ、6％がバイセクシュアル、1％がパンセクシュアル（全性愛者）であると認識し、年齢層別では、Z世代の20％が「LGBTプラス・コミュニティ」の一員であると自認している。ミレニアム世代では11％、X世代（65年から70年代にかけて生まれた世代）では6％、ベビーブーマー世代では5％となった、同性愛者が最も少ない国はハンガリーが4%、韓国とルーマニアは成人の約3%がLGBTQと認識している。日本は調査対象から外れている。

2024年4月29日にタッカー・カールソンがユーチューブで公開したインタビューの相手は意外な人物だった。

ロシアの思想家、哲学者のアレクサンドル・ドゥーギンがゲストだったのだ。ドゥーギンは「プーチンの頭脳」とも呼ばれたが、プーチンとしばしば面会しているわけでもなければ、クレムリンで膝詰めの懇談をしたこともない。「プーチンの頭脳」というイメージが1人歩きしている。

ドゥーギンは、しかしウクライナにおけるロシアの軍事作戦を熱烈に支持しており、ウクライナの独立国家は「存在すべきではない」と述べてきた。このため左翼やウクライナから狙われ、悲劇に襲われた。2022年8月に娘のダリアが走行中、自動車に仕掛けられた爆弾で殺害された。ロシア当局はウクライナ工作員によるテロと断定した。

ドゥーギンの初婚相手はロシアのLGBTQ活動家だったのだ。長男はロック・ミュージシャン。再婚した妻との間に、父親よりロシア愛国を訴えた娘がダリアだった。彼女はユーチューバーとして頭角を現し、ロシア・ナショナリズムの精神的支柱といえる存在になっていた。ドゥーギンは神秘主義、オカルト的発想が基底にあって、ロシアを欧米の退廃に対抗する「ユーラシア」帝国の中心に位置づける思想潮流の主導者になった。「ロシアの世界」という言葉の生みの親でもある。

この流れはウクライナのアイデンティティに対する強い嫌悪感を産み、「新しいロシア」という表現の復活にドゥーギンが寄与したことになる。プーチン大統領はクリミアを併合した際、この語彙を使用した。ドゥーギンの書籍は「危険な書物だ」として米国では発禁になった。

さてカールソンとのインタビューでドゥーギンは「いま、西側を蔽っているのは古典的リベラリズムではなく、ニューリベラリズムであり、家族を否定し男女の性差を区別することを拒否し、ようするに西側諸国のニューリベラリズムは『ウォーク・イズム』ともいえる。人間が最も大切にするべき家族という概念の終焉をもたらしている」と述べた。

ドゥーギンは「アングロサクソンの個人主義、西側の自由主義思想は人間のアイデンティティの喪失をもたらす。リベラリズムが人々を集団的アイデンティティから解放する。それがトランスジェンダーやＬＧＢＴＱ、新たな形の性的個人主義につながっている。こうしたライフスタイルはリベラルなイデオロギーの実現と勝利に必要な要素である」と指摘した。

ドゥーギンは「家族が破壊されつつある」と繰り返し、リベラリズムの進展は「人間のアイデンティティの放棄」につながるだろうと付け加えた。

「次の段階では、この過激なニューリベラルは少数派の支配を意味し、民主主義ではありません。それは全体主義です。フランシス・フクヤマが言ったように多数尊重という民主主義がヒトラーを生んだのだから少数のリベラリズムが次の世界を導くのだという（かれらの傲慢な思想）考え方に陥ったのが西側のニューリベラリズムの猖獗《しょうけつ》です」

ロシアの思想家がかなり適格に世界を分析していることがわかる。

中絶でもアメリカは真っ二つ

カリフォルニア州の〝赤い知事〟ギャビン・ニューサムは同性婚を早くに認めた〝進歩的〟政治家である。

2024年5月、ニューサムはアリゾナ州の医師が患者の中絶手術を行うために一時的にカリフォルニア州へ渡航することを認める法案に署名した。アリゾナ州の医師免許を持ち、良好な状態にある医師は、中絶を行うために、カリフォルニア州医師会またはカリフォルニア州整骨医会に申請書を提出するだけでよいと規定されている。

アリゾナ州最高裁判所の判決は母親の命を救う場合を除き、「州内でほぼすべての中絶を禁止する」法律を支持した。南北戦争時代の法律では、アリゾナ州で中絶手術を行ったり、女性が中絶サービスを受けるのを手助けしたりすると、重罪で起訴され「2年から5年の懲役刑を受ける」とされていた。

アリゾナ州議会はこの中絶禁止令を撤廃する法案を可決し、ケイティ・ホッブス知事が5月初旬に署名した。アリゾナ州の法律では妊娠15週までの中絶が認められていた。

ニューサム知事は、「アリゾナ州共和党は、州全体でほぼ全面的な中絶禁止を課すために時計の針を1864年に戻そうとした。女性に対する彼らの抑圧的で危険な攻撃を傍観し、黙認することを拒否する」と続けた。

しかし最も過激なリベラリズムのカリフォルニアにも強く反対する宗教団体がいくつかある。

「生命と家族の価値観」を重視するキリスト教非営利団体「カリフォルニア家族協議会」の副会長グレッグ・バートは、「カリフォルニア州の議員たちが、あらゆる場面で罪のな

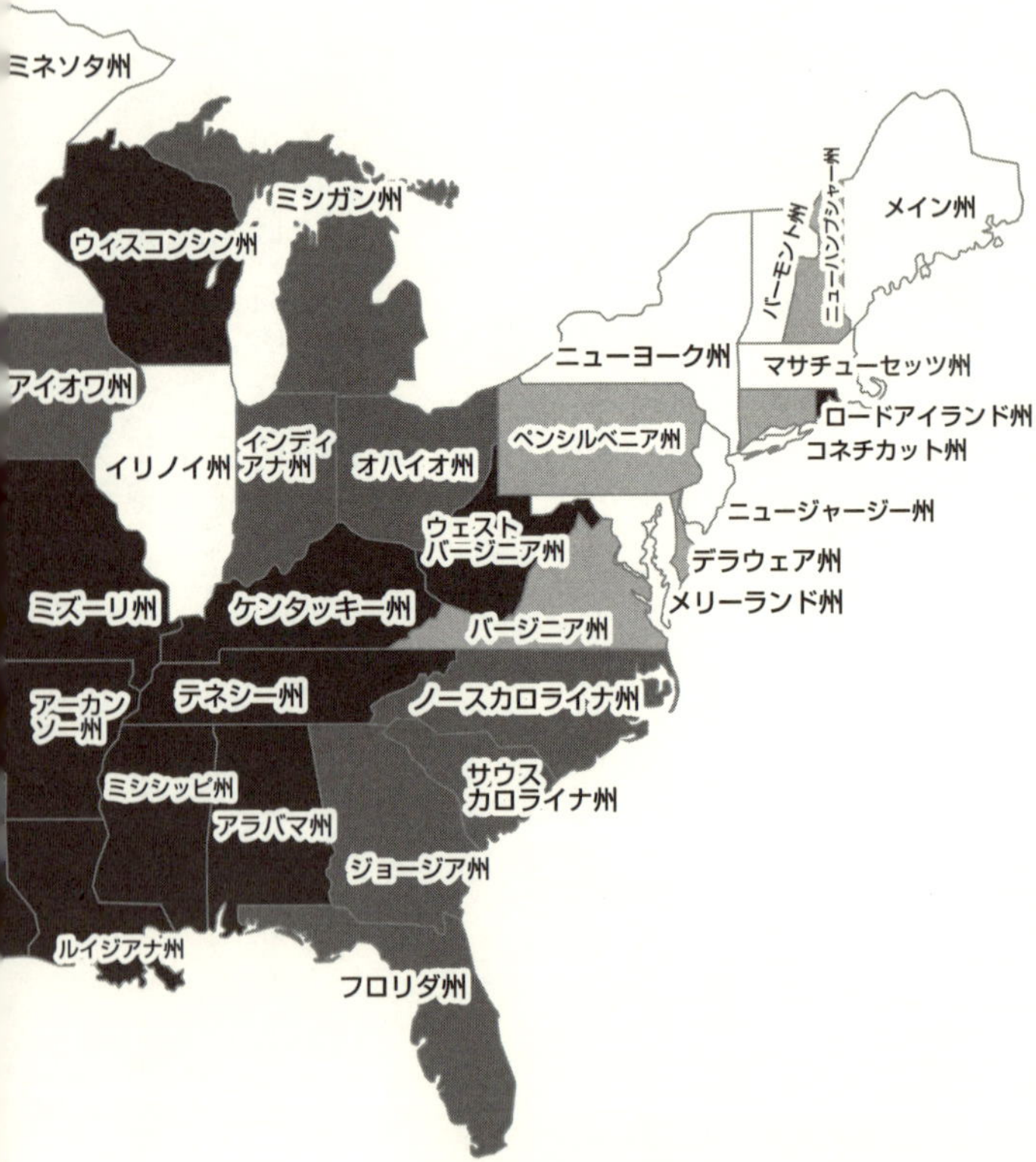

■中絶を禁止している州

■中絶を制限する法律の施行を阻止するため訴訟中の州
※ノースカロライナとユタ、フロリダ、アリゾナの各州では、中絶が認められる期間が限定されている。ジョージア州では、まだ妊娠に気付かないことが多い6週目を過ぎると、中絶が認められなくなる。

■制限付きで中絶を認めている州

□中絶は合法の州

図2　中絶禁止vs合法州

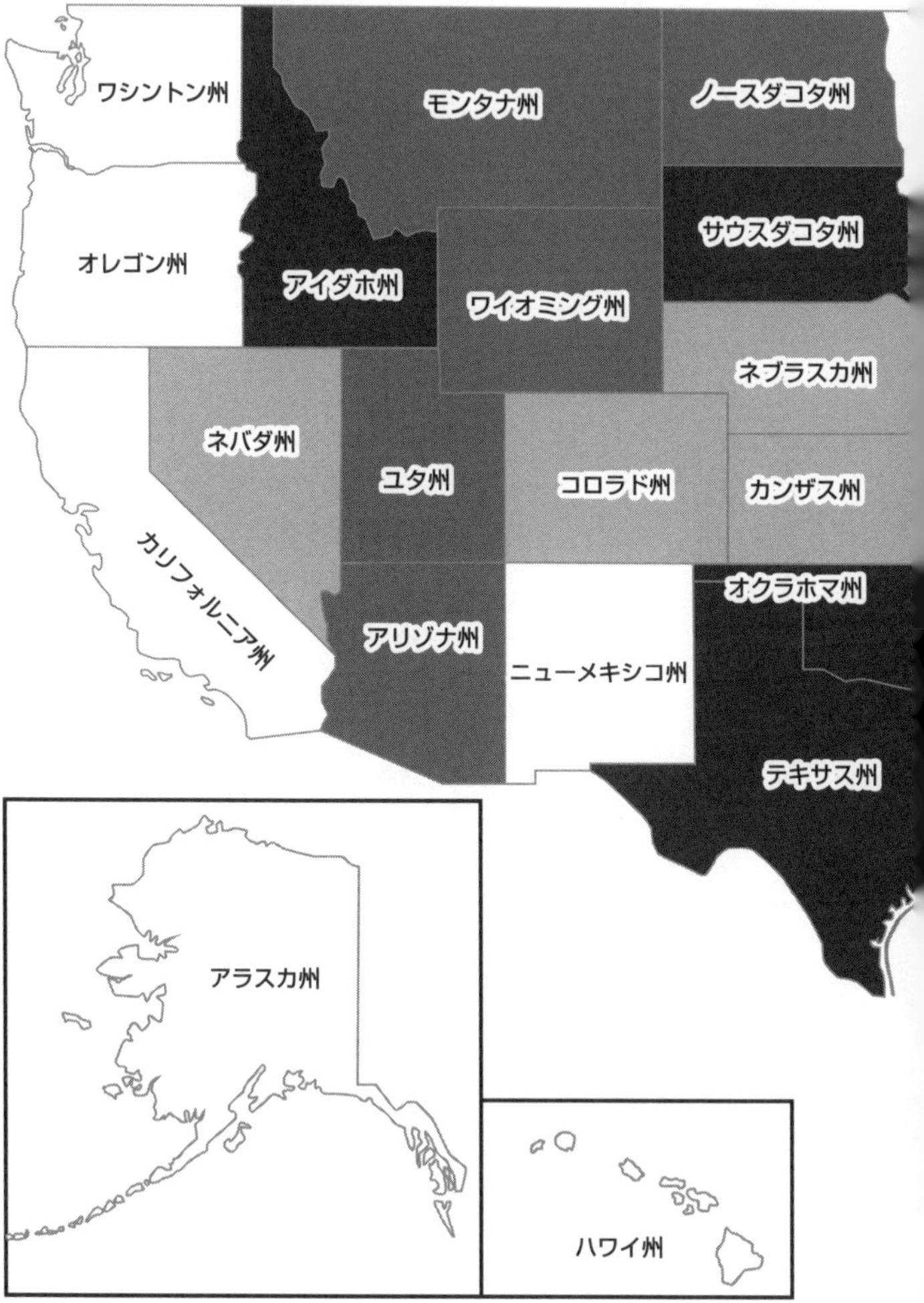

い胎児の殺害を促進する方法を見つけ続けていることは恥ずべきことだ」と批判した。トランスジェンダー現象が続く。しかし男性が自分を異性であると宣言し、カツラとレオタードを着て、政府職員に守られながら女子トイレに入ることができることはおかしくないか。

ところが民主党支配の州では、こうした行為を阻止しようとすると、逆にヘイト、性差別だと言って逮捕され訴訟されることが起きている。赤いコミューンが一部地域で成立している。いわゆる「ジェンダー・イデオロギー」がアメリカの一部の公立学校に浸透した。教師たちが洗脳するのだ。弱い立場にある子供たちが犠牲になっている。

政治的支援、NGOの影響が浸透し、メディアが偏ったプロパガンダをばらまき、ついにバドワイザー・ビールが「トランスジェンダーおとこ」をPRに採用したため、全米で不買運動が起きた。当該ビールは販売が3割減となった。

行き過ぎた行為が目立つとそれに反発し阻止する勢力が立ち上がり、サイレントマジョリティの共感を得て、反動が起こる。

ユタ州とミシシッピ州は公共教育センター（寮や更衣室を含む）でトランスジェンダーの生物学的性別に対応したトイレを使用することを義務付ける法律を可決した。

ミシシッピ州知事テイト・リーブスは「バイデン政権がこんな事態を招来した。女性の居場所を守る常識的な政策を可決しなければならない等、数年前には想像もできなかった。しかしトイレ、女子学生クラブ、ロッカールーム、更衣室、シャワールームなどで女性を保護する法律を制定しなければなりません」

ＬＧＢＴＱ擁護団体であるヒューマン・ライツ・キャンペーンのミシシッピ州ディレクター、ロブ・ヒルは「法はＬＧＢＴＱの人々から基本的権利を剝奪する試みだ」と反対し、「この法案はそうした人々を犠牲にして、私たちをさらに引き離そうとするものでしかありません。トイレや更衣室を覗き見する政治家の目を気にすることなく、自由であり、使用する権利があるのです」

なぜ左翼は「トランスジェンダーに優しいトイレ法」にそこまでこだわるのか？

トランス・イデオロギーに対する特別な法的保護とは、党派拡大と背後に隠された国家破壊という目的のためである。そのための拠点の構築にある。

中絶を禁止している州は現在、アラバマ、アーカンソー、アイダホ、インディアナ、ケンタッキー、ルイジアナ、ミシシッピ、ミズーリ、ノースダコタ、オクラホマ、サウスダコタ、テネシー、テキサス、ウェストバージニアの14州である。ここにフロリダ州が州民投票で禁止に踏み切る方針である。

新判例は2024年4月、アリゾナ州の最高裁判所が「人工妊娠中絶を、妊婦の命を救う場合を除いて全面禁止し、中絶に関与した医療関係者を懲役刑で罰する」判決を下した。

米国では妊婦の命を救う場合やレイプなどの理由を除き、人工妊娠中絶を全面禁止している州は全て共和党が優勢な州である。ところが民主党優勢のアリゾナ州が加わり、初めての激戦州の転換となった。

サウスカロライナ州とジョージア州では、妊娠6週目より後の人工妊娠中絶をほぼ全面禁止している。

トランプ前大統領は人工妊娠中絶に関して「州レベルの課題であり、連邦レベルの課題ではない」と発言した。

第3章

フェンタニル、死刑制度、暗号通貨、健康保険でも分裂

フェンタニル戦争

米国では麻薬密売組織取締りのため大麻の解禁が進み、38州が医療用大麻の所持や使用を合法化した。嗜好用に大麻使用も24州で認められている。

従ってアメリカでは大麻飲用者が激増している。

とくに中国が仕掛けていると推定されるフェンタニル戦争の被害は深刻で、毎年ベトナム戦争より多い死者を出している。アヘン戦争の復讐なのかも知れない。

２０２４年5月の調査結果によると「毎日、或いはほぼ毎日」大麻を使用している人が推計１７７０万人。１９９２年の90万人から20倍に急増している。毎日飲酒する人は92年が８９０万人、２０２２年は１４７０万人だった。

米国では２０２３年に24人が死刑執行された。前年は18人で州当局が薬物注射を使って執行した。

米国の27州と連邦政府は死刑執行を認めており、これまでは薬物注射が主な処刑方法だった。しかし失敗例があり、耐え難いほどの痛みを伴うケースが生じたため、薬物注射での死刑は中止された。各州は近年、代替方法に目を向け、米最高裁判所は窒素死刑執行を承認している。

アイダホ州、ミシシッピ州、オクラホマ州、サウスカロライナ州、ユタ州では現在銃殺刑が認められており、アラバマ州、アーカンソー州、フロリダ州、ケンタッキー州、ミシシッピ州、オクラホマ州、サウスカロライナ州、テネシー州では電気椅子の使用が認められている。アラバマ州を含む7州ではガス室の使用が認められている。

大麻、死刑をめぐっても米国は分裂しているのだ。

2023年12月9日、ペンシルバニア大学学長のリズ・マギルが辞任を表明した。ハマスのイスラエル奇襲に端を発した全米大学のおけるユダヤvs反ユダヤの対決は、学校の人事にまで影響を与えた。マギルは反ユダヤ主義の立場を明確にしなかったなどの理由で激しい批判に晒《さら》されていた。

明けて2024年1月2日、こんどはハーバード大学のクローディング・ゲイ学長が辞意を表明した。同大支援の資金胴元はユダヤ人が多い上、これらの在米ユダヤ人はネタニヤフ政権支持で結束しておらず、決してイスラエル支援のみではないという複雑な実態がある。ゲイ学長は初めての黒人女性学長だったが以前から論文の盗用が指摘されていた。

5月になってコーネル大学のマーサ・ポラック学長が辞任を表明した。「全く個人的な理由です」とハーバード、ペンシルバニア大学学長辞任に連鎖しない印象を語った。ポラックはAI理論、とくに言語思想専門家で、SRI、IBMの取締役も務めた最先端のAI学者、『ロボットとAI』などの著作もある。

それにしても奇怪なのは辞任した3人の学長はともに女性であること。アメリカ北東部のアイビーリーグ8大学のうち3大学で起きたことだ。アイビーリーグとはブラウン、コーネル、ダートマス、ペンシルバニア、ハーバード、イェール、プリンストン、コロンビア大学と、8つの私学を指し、受験に難関の名門校ばかり。

もっとも過激な反イスラエル運動が展開されたコロンビア大学のネマト・シャフィック学長は警官隊導入、暴力学生排除のうえ卒業式を取り止めた。左翼学生がパレスチナ支援、保守学生はイスラエル支援でその板挟みとなった。

極左活動家に占拠され器物を損壊されたコロンビア大学のハミルトンホールにニューヨーク市警が突入し、活動家を逮捕した。外で扇動していたのは悪名高きリサ・フィシィア女史（63歳）。「われわれは99％」と叫んでウォール街占拠事件なども彼女が扇動した。現在の米国分裂を作り出した前衛の活動家である。

混沌。無秩序、暴力と憎しみ。左翼学生の狼藉はパレスチナ支援を看板にしているが、狙いは勢力の拡大である。ジョージ・フロイド事件がＢＬＭ（ブラック・ライブス・マター）の暴動となったようにモブ（物事を深く考えない大衆）が混乱を楽しんでいるようでもある。

ホワイトハウス報道官は「抗議することは重要だが、憎しみによる暴走は非難されるべきだ」とのコメントを出した。キャンパスがテント村で占拠されていたのはミシガン大学、バーモント大学、ジョージタウン大学などで、警官がデモ隊を排除したコロンビア大学の学長は「警察はしばらくとどまって欲しい」と要請した。カリフォルニア州立大学キャンパスは入口で学生が検問所を設営し「解放区」が出現した。州当局の見積もりで物理的被害額は１００万ドルを超えた。８月になってコロンビア大学学長も辞任した。

テント村にヘルメットにゲバ棒で武装した「学生」らが殴り込みをかけ、花火を投げつけるなど、座り込み学生等はガス・スプレーなどで応戦した。ＵＣＬＡ、ＵＣＢＡ（カリフォルニア州立大学バークレー校）、ＮＹではＮＹ市立大が、ボストンでもイェール、ハーバード大学でも同様な抗議活動とそれへの反対派と、加えてアラブ系の政治団体が入り乱れた。

元来は「パレスチナ支援、反イスラエル」の声を上げていただけだった。大学キャンパスに限定されているが、街中へ飛び火すると活動家が煽《あお》り、モブが便乗し略奪が起こる。治安も悪化する。

かつてのベトナム反戦運動もカリフォルニアから全米に飛び火した。騒乱、内乱状態をつくりだし、ニクソンは「法と秩序の回復」を掲げて、地滑り的な再選を果たした。このときの構造と似ている。

デモ隊はますます過激化するだろう。プロが混入し、社会を混乱させる。それが彼ら極左の目的だからだ。過激な学生運動の極左化という現象からもアメリカが内戦状態にあることがわかるだろう。

学生ローン減免は露骨な選挙キャンペーン

バイデン大統領が選挙キャンペーンに「学生ローン」減免を打ち出した。国益など頭にない詭弁だが、民主党への若者の支持を一挙に挽回する劇薬、あまりにも露骨な選挙対策であり米国の価値観である「フェア精神」に悖《もと》る。返済をまじめに済ませた人達はどうなるのか？

極左のエリザベス・ウォーレン上院議員は、教育長官が大統領から学生ローンの借り手を一斉に免除するよう命令できる等と主張した。サンダース上院議員やウォーレン議員がこうした社会主義的で国家予算を破壊するような無責任な所論を唱えるのは学生や若者に受けるからである。

まじめに返済してきた人たちは、左翼のペテンに憤激する。不公平は平均的アメリカ人がもっとも忌避する概念だ。フェアネスの精神も民主党政権には見当たらなくなった。

2月にバイデン政権は問題となっていた学生ローンの新規返済計画である「価値ある教育への貯蓄（ＳＡＶＥ）プラン」に基づき、返済免除の開始を予定より半年早めて12億ドル分を免除すると発表した。4月にはバイデンが27万７０００人を対象に74億ドルの学生ローンを免除した。バイデン政権が発表したＳＡＶＥ計画は全体で３０００万人を対象とする。露骨な集票マシーンである。特典対象は３９０万人。このうちの８割がバイデンへ、いまはハリスに票を投じるだろうという、捕らぬ狸の皮算用だ。

最高裁判所の判決によって頓挫していた学生ローン減免措置に盛り込まれた主な内容は次のとおり。

(A)未払い利息の軽減　SAVEプランを含め世帯所得に基づく返済計画に加入している中・低所得者層の借り手を対象にローンの未払い利息により膨らんだ借入残高のうち最大2万ドルを免除。対象者は2500万人になる。学生ローンをまともに返済していた人が少数派だったことになる。

(B)免除対象の未申請者に対する債務の自動免除の対象は教員・ソーシャルワーカー・軍人などの公職者向けのローン免除。また廃校ローン免除などにより、免除を受ける資格を有しながら免除に至っていない対象者にも教育省が保有するデータを基に対象者を特定し自動的に債務免除を行う。これによりおよそ200万人分の債務が免除対象になる。

(C)20年以上前に返済を開始した学生ローンの残額を免除。

(D)経済的価値の低いプログラムに加入した借り手の負債の帳消し。とくに学生をだますなどしたことが原因で連邦学生支援プログラムに参加できなくなった教育機関が提供するプログラム、学費に見合った十分な市場的価値を提供することができないプログラムの受講者に対してもローンを免除する。医療費や養育費などの出費がかさむ家庭などの債務を免除する計画もある。

「これはモラトリアムであり、不公平きわまりなく、納税者が負担する不当な給付金だ」と反対の声があがった。共和党が強いミズーリなど18州は「米国民の同意なしに抜本的で費用のかかる政策変更を押し付けるものだ」として訴訟を提起している。

レーガン、ブッシュ政権あたりまでウォール街は、どちらかと言えば共和党贔屓が多く、民主党への献金はバランスを取るためにアリバイ工作的になされた。風潮が変わったのはIT革命以後のシリコンバレーが震源地だ。若い起業家の多くがリベラル、グローバリズムの信奉者だから、民主党への献金が目立ち、これらの企業が米国株式市場の主役となったため、大手証券、銀行も民主党への巨額献金に切り替えた。

バイデン選対への献金の主役が入れ替わりシリコンバレーとハリウッド、そしてウォール街が主役に踊りでた。

最大の献金はフェイスブックのザッカーバーグで、4億ドル（600億円）をいきなり民主党のPAC（政治活動委員会）にぶち込んだ。この金が不正選挙の疑惑ある郵便投票促進のためのポスト施設工事費などに充当されたのである。こうした傾向は現在も継続されており、現に共和党予備選段階でも、ウォール街と軍需産業をバックとしたニッキー・ヘイリー陣営への献金が一時的にトランプのそれを上回る現象も起きた。

バイデン不出馬により、また異変が起きた。バイデン撤退表明時点で、民主党のバイデンハリス選対がため込んでいた軍資金は9150万ドル（FECへの届け出による）。バイデン撤退時期が遅すぎたため、この軍資金の用途に厳格な規制がかかる。バイデン&ハリス選対で集金したカネは他の候補に流用するとなると上限はきわめて小額となり、またハリスへの移転も3420万ドルまでに制限される。以降の献金も上限が3300ドルとなって大口の寄付は時間制限に引っかかる。本番まで4カ月を切っていた。せめて4月頃までに不出馬を表明していれば、なにがしかの対策もとれたが時間切れとなり、資金的にはハリスでいくしか選択肢はないということになったのだ。

富裕層は、トランプ前米大統領のホワイトハウスへの復帰を阻止するため共和党候補の指名を争ったヘイリー元国連大使のPACに多額の資金を献金した。ニッキーは軍需産業をバックにしていたから共和党主流派が支援した。しかし5月後半になってニッキー・ヘイリー元国連大使は「米大統領選挙ではトランプ前大統領に投票する」と述べ、するりと変節した。

ヘイリーは支持理由を説明した。

「バイデン氏はアフガニスタンで『大失敗』を招き、ウクライナ侵攻を阻止するために何もしなかった。

最近では『イスラエルを狼の餌食にした』。私は同盟国を支え、敵に責任を取らせ、国境を守り、資本主義と自由を支持し、借金を増やすのではなく減らす必要があることを理解している大統領を優先したい。トランプ氏は、私に投票し、私をサポートし続けてくれた何百万人もの人々に手を差し伸べるのが賢明であり、彼らが自分と一緒にいるだけだとは思わないでしょう。私は彼がそうすることを心から願っています」

トランプが勝利しても、政策の遂行は議会で共和党が多数派をとれるかどうか、である。とくに外交と予算の決定権を握る上院の帰趨にかかっている。現在、米国連邦議会上院は民主党51vs共和党49。つまり上院を支配しているのはバイデン与党。党則を越え、もし民主党側から1人でも共和党案に投票が流れ、50vs50となっても、議長の副大統領が採決に加わるから与党の政策が成立しやすい。改選される上院議員の議席は34議席。現在、このうちの23議席が民主党である。（米国の上院議員は定数百名。2年ごとに3分の1が改選される）。

税率の違いも分裂を助長する

米国は州によって税率が異なることは常識だが、一番高いのがNYの12%、低いのがアラスカ州の4・9%である。

アラスカ州に加えて米国には所得税を課さない州がいくつかありフロリダ、ネバダ、サウスダコタ、テネシー、テキサス、ワシントン、およびワイオミングだ。コロナ禍でテレワークがはやり出すと、まずカリフォルニア州シリコンバレーからアリゾナ、テキサス、フロリダへの人口流出がつづいた。

不法移民急増による治安悪化でニューヨークからフロリダへ、カリフォルニアからテキサスへと、嘗ての開拓時代は「西へ、西へ!」だったのが、現代は「南へ、南へ!」が合い言葉となった。

人口動態の激変は田舎町へも及んだ。これまでの移住動機は「物価が安くて自然に囲まれた場所へ」、次が「州税の安い州へ」だったが、コロナ禍が拍車をかけた。昨今は「都会の喧噪からのんびりとした田舎へ」となり、いまでは「治安の悪い都会から治安の良い田舎町へ」が合い言葉となった。

ニューヨーク、シカゴ、ロサンゼルス、サンフランシスコなどの「聖域」は暴力、窃盗、強盗殺人、フェンタニル、大麻、ホームレス、不法移民など危機的なレベルに達した。万引きは950ドル以下なら逮捕もされない。大都会の中心部は無法地帯となって、サンフランシスコの銀座といわれたショッピング街は半分以上が店を閉じた。映画のヒーローだったダーティハリーはサンフランシスコから去った。

大都市からの「避難民」が次々と地方都市、小さな町へ押し寄せた。大都市での生活の質は驚くほど酷いものとなった。たとえば、シカゴに住む住民は覆面をした強盗が自宅に侵入した後、警察官が到着するまで何時間も待たなければならなかった。不法移民のテント村が出来ると、従来からいる住民は不安を感じ引っ越しを考えなければならなくなる。

銃が売れ、射撃場が混雑し、もはや銃規制などと口で言っても実現は不可能である。

移住の動機はもちろん税金も絡んでくる。とくにマサチューセッツ州から州民が大量流出、歳入が10億ドル減少する。ボストン大学クエストロム経営大学院の予測では2030年までに9万6000人以上の住民が州を離れることになるそうな。

アメリカで人口が激増した州はフロリダ州で74万人の激増。かねて気候温暖、物価も安く税金も少なく、老後の年金生活者が多かったが、不法移民急増のため聖域都市をすてた避難組が目立つようになった。これにコロナ禍とテレワークが拍車をかけてテキサス州は67万人も激増した。カリフォルニア州も48万人増えたが、こちらは主として移民だ。ついでノースカロライナ州が34万、ジョージアが33万人と続く。ミシシッピ州はまるで「別の国」のように生活費が安い。住宅価格が国内で最も安い。だが移住する人が増えれば公共サービスが鈍化し住宅価格が急騰する。

モンタナ州ボーズマンの住宅価格は17万ドルにまで上昇した。人口僅か5万6000人だった。イエローストーン国立公園や高級スキーリゾート地ビッグスカイに近い。ボーズマンでは賃貸住宅が次々と建ちはじめ、需要が大きいため家賃高騰。モンタナ州住民の多くが「新参者」に憤慨しはじめ、「モンタナは満員」のステッカーが街やクルマに貼られた。移住先でも新しい難題が発生した。それもこれもバイデンの政策失敗による。

バイデン大統領が6月に慌てて署名した大統領命令は、メディアが伝えるところでは「方向転換」である。「1日に不法移民が2500名を越えたら審査を打ち切り、また1500名以下となったら再開する。単独で越境した子供や人身売買の犠牲者などは例外とする」。

ということは1日に上限2500名までは入国審査対象となり、以後の列は翌日回しになる。食事持ち込みで1カ月くらい並ぶことは不法移民にとって気にしない。なにしろ彼らは3000キロのジャングルを歩いてメキシコ国境へたどり着いた猛者ばかりだ。

1日の上限が2500名とした場合、年間91万2500人が『合法』的に移民となる。いまと殆ど変わらない。トランプ前大統領は「1200万人の不法移民を強制送還しろ」と主張している。

金銀は通貨なのか、CBDCは通貨ではないのか？

通貨議論でも米国は分裂している。「法定通貨」の概念まで州によって異なるのだ。

ネブラスカ州の新法では、連邦所得税申告書に記載する貴金属販売の「利益」または「損失」は取り消され、納税者の調整総所得（AGI）の計算から除外されることとなった。つまり事実上の免税である。これを別名「健全な財産防衛同盟」という。

提案したベン・ハンセン上院議員は、「金と銀は憲法で言及されている唯一の通貨形態であり、国民は政府からの規制を受けず、通貨を使用できます。金と銀を貯蓄し、使用することは私たちの権利であり、連邦政府の紙幣の切り下げに対する唯一の抑制手段です」と提出理由を説明した。

これまで米国歳入庁はキャピタルゲイン税を課してきた。ネブラスカ州はIRS（歳入庁）の立場をネブラスカ州の所得の定義に組み込むことを拒否した。全米に税法が不整備、歳入の厳格な定義がないということになる。すでに多くの州が金や銀の形で憲法上健全なお金をめぐり、11州は貴金属の販売に所得税を課していない。アーカンソー州、アリゾナ州、ユタ州も同様の州法を制定した。アイオワ州、ジョージア州、オクラホマ州、ミズーリ州、ウェストバージニア州、カンザス州でも同様の法案を検討している。

またネブラスカ州は、「貨幣には中央銀行デジタル通貨は含まれない」という文言を明記し、貨幣の正式な定義を修正した。

ハンセン上院議員は、「中央銀行デジタル通貨の評価と適用において、私たちの自由に対する危険にならないように、警戒する必要がある。CBDC（中央銀行デジタル通貨）はネブラスカ州では通貨として分類されない」と指摘。

インディアナ州が中央銀行デジタル通貨法案を可決した。州の商法に基づく「貨幣」の定義からCBDCを除外したのである。同法は貨幣の定義を修正し「米国政府、外国政府、外貨準備、または外国の制裁対象によって現在採用されている、または採用される可能性のある中央銀行デジタル通貨は含まれない」と明記した。

つづいてフロリダ州、サウスダコタ州、テネシー州、ユタ州も追随した。金と銀に対するキャピタルゲイン税を廃止するネブラスカ州の法もCBDCを除外した。

さらにインディアナ州は第2段階として、州政府機関がサービス、税金、ライセンス、許可、手数料などの支払いで中央銀行デジタル通貨受け取りを禁止した。

ワシントンはまだCBDCの実践を決定していないから先制攻撃になる。

このような「反CBDC文言」はテネシー州、ノースカロライナ州、フロリダ州、サウスダコタ州で進められ、あるいは法律に署名されている。アレックス・ムーニー連邦議会下院議員も、連邦準備制度のデジタル通貨計画を阻止すると息巻いている。ムーニーは知る人ぞ知る「金本位制復帰論者」だ。

ややこしい話だが、通貨の定義ですら州によって解釈が異なり、分裂しているのである。

この整合性のなさは次に何を惹起するか？

世界に目を転じると、中国、ロシア、インド、サウジアラビアならびに中東諸国が金備蓄を急増させている背景がある。とくに中国は過去18カ月に亘って史上空前の高値圏にある金を買い増しした。中国では庶民が人民元を信用していない。他方、中国共産党の狙いは別のところにある。すなわち米国がロシア資産に関して在米資産を凍結、欧州各国もロシア資産を凍結し、あろうことかその利息をウクライナ支援に回したことへの予防措置とも言える。

こうした米国の金融措置が将来、もし中国に適用されるとなると、そうした事態に備えておく必要があり、中国は資産の没収を防ぐために米国国債(米国債)を静かにしかし大量に売却してきた。中国の米国国債保有額は2021年の約1兆1000億ドルから2023年には7750億ドルに減少し、警戒を要する低水準である。2024年2月にはさらに227億ドルの米国債を売却した。そして中国人民銀行(中央銀行)は、金を大量に購入している。

中国は2022年10月以来、300トン以上の金を準備金に追加した。中国の意金保有は、公式には2024年6月現在2264トンであるが、中国の銀行は秘密裏に金も購入しており、蓄積量は5300トンを超えているとする観測もある。

ルイジアナ州のジェフ・ランドリー知事は金と銀を法定通貨として再確認する新法に署名した。そのうえで「健全な通貨原則を支持する」声明を発表した。

ルイジアナ州の「通貨法案」は、米国政府が発行する「あらゆる金貨、銀貨、金塊、地金」は、契約当事者双方が自発的に合意した場合、法定通貨とみなされるとする。ルイジアナ州議会下院と上院で「反対」は1票だった。

米国合衆国憲法第1条第10項には「州は貨幣を鋳造し、信用状を発行し、金貨および銀貨以外のものを債務の支払いの通貨として発行してはならない」とある。

しかしニクソンショックによりドルが金兌換制度を離れて以来、半世紀を超えた。結局、不換紙幣制度はうまくいかなかった。金や銀の裏付けがない連邦準備銀行の紙幣の購買力は継続的に低下してきた。金利操作によって引き起こされた連邦準備銀行による一連の好景気と、それに続く不況、そして政府支出の爆発的な増加に直面してきた。インフレの被害から貯蓄を守る方法を探すとすれば貴金属が購買力を維持できる。それゆえに法定通貨よりも貴金属を選択する投資家が多い。

すでにアラバマ州、ユタ州、ウィスコンシン州、ネブラスカ州、ケンタッキー州は、貴金属に対する売上税とキャピタルゲイン税を廃止したうえ、中央銀行デジタル通貨は州内で有効な通貨ではないと宣言し、州財務官に金や銀に投資する権限を与える法案を可決した。

ちなみに日本では金貨、金塊などの売買には10％の消費税がかかる。

パンデミック条約でも各州が分裂

全米22州の司法長官が連名でバイデン大統領宛に通告し「我々の州の政策はＷＨＯが決める訳ではない」とした。この声明はパンデミック条約と国際保健規則改訂の危険性をわかりやすくまとめている。

・現在ＷＨＯが提案し交渉しているパンデミック条約と国際保健規則改訂に反対する。これらはＷＨＯに合衆国と国民に多大な影響を及ぼす例を見ない憲法違反の権限を与えかねないものだ。
・ゴーサッチ最高裁判事は、コロナパンデミックは平時において市民の自由に対する最大の侵害事件であったと述べた。

・WHOはパンデミックにおける中国の責任、嘘、欺瞞の追求に失敗した。そのようなことからの教訓を学ばずに、選挙で選ばれてもいない、無責任なWHOに対しさらなる権限を与えようという動きがある。しかも国際保健規則の改訂はWHOの一部の人間が密室で取り決めようとしていた。これらの規則改訂は国家の主権を蔑《ないがし》ろにし、州の権限を奪い、憲法で保障された自由を危うくするものだ。

・これらの目的は公衆衛生を守ることが目的ではなく、WHO、就中、事務総長へ権限を集中し我々の自由や言論の自由を制限することだ。

反対理由は次に集約された。

・2つの目論みはWHOを助言、慈善団体から保健衛生の世界統治機関に変貌させるものだ。現在は助言に留まっているが世界に対して強制力を持たせようとしている。事務局長は実際にパンデミックが発生していなくてもその懸念があると判断すれば一方的に緊急事態宣言を出せることになっている。

・気候変動、移民、銃器暴力、動植物やエコシステムの危機ですら緊急事態宣言を出せる。そうなれば事務局長は加盟国のなすべきことを強制でき、選挙で選ばれた議員による政策決定ではなくなる。

・連邦政府は公衆衛生に関する決定権限を国際機関に移譲することはできない。合衆国憲法では公衆衛生の権限は連邦政府ではなく各州にある。仮に連邦政府に権限があるとした場合でも、憲法第2章第2項によれば上院の承認を要すると規定されている。公衆衛生の為にと称して世界的に広範な監視体制を敷こうとしているが、その実態は中国の「社会信用システム」の様な監視統制システムだ。情報統制のための国内法の制定まで謳われているが、コロナの時に現政権がSNS会社等に圧力をかけ言論弾圧をした実績を勘案すれば、「極めて危険」である。

・コロナパンデミックによりWHOや他の公衆衛生当局の欠陥が露呈した。公衆の信頼を裏切り、改革が必要なことは疑いようもない。ところがこの条約案と規則改正案はWHOの抱えている問題点を悪化するだけでなく将来の危機事態において人々の自由を侵害できることになる。WHOが直接的に又は間接的に我々の市民に対する政策を決定できるようないかなる試みにも我々は反対する。

24州の知事が結束し反対を表明

パンデミック条約に関しても全米24州の知事が結束し反対を表明した。バイデン政権が進めていた条約交渉に反対の声を上げたのだ。

「目的はWHO、就中、制御不能な事務局長に、言論、プライバシー、旅行、医療の選択、インフォームドコンセントなどの自由を含む米国民の権利を制限する権限を与えることは、憲法の基本原則に違反する。採択されれば、これらの協定はWHOを諮問機関から公衆衛生の世界的な権威に昇格させることになりかねない」

WHOはパンデミック対策で失敗し、批判の的となったが、新しい規制に走り出した。

パンデミック合意と呼ばれる「新条約」と、既存の国際保健規則の改正であり、WHOが「健康上の緊急事態」を宣言した場合、この国連の下部組織内にかなりの権限が集中することになるからだ。バイデン政権のWHO取り組みに反対を唱えたのはアラバマ州、アラスカ州、アーカンソー州、フロリダ州、ジョージア州、アイダホ州、インディアナ州、アイオワ州、ルイジアナ州、ミシシッピ州、モンタナ州、ネブラスカ州、ネバダ州、ニューハンプシャー州、ノースダコタ州、オクラホマ州、サウスカロライナ州、サウスダコタ州、テネシー州、テキサス州、ユタ州、バージニア州、ウェストバージニア州、ワイオミング州の全24州で、各州知事が署名した。

共和党の上院議員49人全員がバイデン大統領に宛てた書簡に署名し、WHOパンデミック協定とIHR修正案に署名しないか、署名するとしても憲法で定められている通り、上院に承認を求めるよう求めた。しかし多数派の上院民主党は条約の上院承認を求める姿勢にはない。

「パンデミックにおけるWHOの失敗は予測可能であった。永続的な損害を与えた」と共和党上院議員らは指摘し、「米国は最も基本的な機能を果たせない最近のWHOの無能ぶりを無視するわけにはいかない。国際保健規則の改正やWHOの権限を拡大するパンデミック関連の新たな条約を検討する前に、包括的なWHO改革を主張しなければならない。我々は深く懸念しており、方針転換を強く求める」

カナダがアメリカ内戦のレポートを作成

米国では健康問題に対処する権限は主に州の管轄下にあり、連邦政府の管轄外である。共和党が多数派を占める州はWHOとの協定に積極的に反対している。

ルイジアナ州とフロリダ州は最近、州当局がWHOの指示に従わないことを定めた法律を可決し、オクラホマ州なども同様の法案を検討している。

米国の22州の司法長官は５月８日、バイデン大統領に宛てた書簡に署名し、「ＷＨＯとの協定に署名しない」よう促し、「ＷＨＯが各州で公衆衛生政策を策定しようとするいかなる試みにも抵抗する」とした。

「最新版は依然として大きな問題がある。手続きの流動性と不透明性により、過去のバージョンの最もひどい条項が復活する可能性がある。結局のところ、これらの手段の目的は公衆衛生を守ることではない。これはＷＨＯ、とくに事務局長に権限を譲渡し、国民の言論の自由、プライバシー、移動（特に国境を越えた移動）、インフォームドコンセントの権利を制限することだ」として22州の司法長官が連名で訴えた。

カナダ政府シンクタンクが『地平線の混乱』とする報告書を作成した。この中で「カナダ政府が備えを検討すべきシナリオとしてアメリカの内戦を提起したことは注目すべきだろう。「米国のイデオロギー的分裂、民主主義の崩壊、国内の不安がエスカレートし、国が内戦に陥る」などとカナダ政府がまとめた分裂状況分析の報告書『地平線の分裂』はリベラル色が強く反映され、地政学的考慮が希薄であり、「唐変木左翼」といわれるトルドー首相がおさめる国だけに奇麗事が花々のように並んでいる。曰く。

一、バイオシステムの崩壊　生態系への深甚な影響は環境問題への対応が遅れ、世界各国の協調態勢がないからだとか、空気、水の汚染、食糧の欠乏は生物の生存に影響する（これはアル・ゴアの二番煎じである）。

一、山家事、洪水、竜巻、台風が頻発し被害が拡大しているが緊急事態への対応が遅れている。国際協力は口先だけ　自然資源の枯渇。水、沙、基本的資源とサプライチェーンの分断、寡占。

一、サイバー攻撃に脆弱、インフラ整備の遅れを指摘しつつAI（人工知能）開発競争に歪みがあるとしている。サイバー戦争では傍観者の立場のカナダはAIの暴走、社会がこのまま維持できるかを懸念し、世界システムが危機的な状況を迎える。

一、金持ちが世界を動かしている事実への対応　彼らの起業、財団、投資は民主主義体制を軽視している。

一、社会全体のフレキシビリティが希薄　民主主義そのものの崩壊。

州兵と政府軍とはどう違うのか

州兵とは国家警備隊、日本語でいえば予備役部隊とでも言おうか。

州兵は出動すると、大統領ではなく当該州知事の指揮下に入る。暴動の鎮圧や災害救助、とくに山火事、台風、竜巻、洪水被害などで活躍する。国家の軍隊ではない。

しかし「戦時には連邦政府の指揮下に入る」と規定されており、予備役部隊の性格がみえる。全米50州がそれぞれ州兵を持ち、陸軍と空軍があり、合計45万人もいるから、州兵だけでも日本の自衛隊の2倍強。装備も正規軍の払い下げや旧式が多いとはいえ、陸軍には戦車（エイブラハムス、M60パットン戦車を含む）、装甲車、対戦ミサイル、機関銃。空軍はジェット戦闘機F16、F22（ハワイ州空軍が保有）のほか爆撃機、空中給油機、輸送機をもつ。

州兵規模を比較すると最大がテキサス州で2万1000名の兵力がある。特殊部隊やドローン部隊もある。2番手はカリフォルニア州で1万8000人、グリーンベレー部隊もある。以下、ペンシルベニア州兵が1万8500人だが、特殊部隊を持たない。オハイオ州は1万6500人。このオハイオ州兵には「歩兵旅団戦闘部隊」があってアフガニスタンへ派遣された。ニューヨーク州が1万5000人、ジョージア州が1万4000人とつづく。

トランプは不法移民の強制送還や軍隊の導入を口にしているが、国軍が国内暴動に投入された例はない。ただし「1807年反乱法」を適用すれば、国軍の国内暴動鎮圧のための介入も法的には可能である。トランプは無茶なことを発言しているのではないし、共和党大会では党綱領に軍の投入もちゃんと挿入したのである。

2020年6月1日、白人警官に首を圧迫されたことが原因だとされ黒人男性が死亡した事件（本当は麻薬中毒で犯罪常習者だった）直後から全米で騒乱、暴動が発生した。警察のマニュアル通りに公務を執行した警官が悪いとされたため警官のなり手がいなくなった。ドナルド・トランプ米大統領（当時）は「事態の鎮静に陸軍の投入も辞さない」と演説した。トランプはこう言ったのだ。

「1807年反乱法を発動し、陸軍投入を含めた、連邦政府の持つあらゆる手段を使って、暴動や略奪、攻撃や建物の打ちこわしなどを取り締まる」と法の淵源を明らかにした。

「自分は法と秩序の大統領で、あらゆる平和的抗議に連帯する」と強調し、「法に従うアメリカ人の権利」を守り、「この国に広がった暴動と無法状態をただちに終わらせる」と述べた。

「暴徒」の実態はプロの無政府主義者、暴力的な群衆、放火犯、窃盗犯、犯罪者、アンティファが含まれている。にも拘わらず、「一部の州や地元政府は、住民を守るために必要な対応をとってこなかった」とトランプは批判し、アンティファを「テロ組織」と呼んだのだ。

「反乱法」が制定された時点を振り返ると、それは「インディアンの敵対的襲撃」への防御として、国軍の出動命令を認める法律だった。

１８７８年には「国内における連邦軍の出動には議会の承認が必要」との法律が可決された。社会認識では大統領は州の承認を求めることなく軍を出動させる法的権限をもつ。

さらに１９１６年に議会は「国防法」を成立させ、補充兵力として民兵を「州兵」として立法化した。州兵の実質的誕生となった。

メキシコとの国境紛争が再燃したおりにウィルソン大統領は州兵動員を命じ11万人の州兵が国境地帯で警戒にあたった。第１次世界大戦で欧州に派遣された米遠征軍の４割が州兵だった。世界大戦後、州兵部隊が顕著な実績をあげた例はない。

この半世紀の例では１９９２年のロス暴動に際してブッシュ・シニア大統領が軍の出動

を命じた件がある。あちこちで略奪が発生し、韓国人のスーパーでは経営者が拳銃で暴徒に発砲した映像がニュースに流れた。

日本は近代国家となってから軍が、軍の反乱に動員された例は二二六事件だ。これは例外的であり、国会で議論になる自衛隊の治安出動は過去に例がない。

そもそも日本では「内乱」はおきても、正規軍というより朝廷の官軍が介入した例は稀で藤原広嗣の乱、筑紫君磐井の乱、藤原仲麻呂の乱くらいである。乙巳の変は蘇我撲滅暗殺事件であり、壬申の乱は内戦とはいえ近江朝の官軍は弱かった。日本の対外戦争は白村江、元寇、朝鮮征伐のあと日清戦争、日露戦争そして大東亜戦争だった。米国に比べると戦争、内乱は数えるほどであり応仁の乱も承久の乱も規模が小さい。最大の内戦は古代の壬申の乱、関ヶ原、天草四郎の乱くらいだ。

トランプが愛読する歴史本は？

バイデン政権は政権交代した初年度に米軍をアフガニスタンから撤退させた。その無様さは物笑いの種となった。供与した高性能武器の多くが放置され、テロリストに横流しされた。米軍がテコ入れしたアフガニスタン政府軍はたちまちにして蒸発した。彼らは米国が提供した手当をむしっただけだった。

2022年2月24日、ウクライナにロシアが侵攻し、バイデン政権は巨費を投じてウクライナを援助したが、勝利の展望はない。

トランプ前大統領は「私ならウクライナ戦争はホワイトハウスに復帰した初日に停戦に持ち込む。私の政権時代、イスラエルをめぐる戦争はなかった」と豪語した。トランプは世界最強の米軍を維持するとしているが、どの国とも軍事的衝突は避け、北朝鮮さえ手なづけようとした。トランプの信念は各国の防衛費の公平な分担であり、とくに韓国とNATOの分担が軽すぎると考えていることだ。戦争は最後の手段であり、軍備は戦争を抑止する役目があるとするのがトランプの信念に近い。

歴史家のヴィクター・デイヴィス・ハンセン『すべての終焉　〜戦争はいかにして滅亡に至るか』は近未来に起こりそうなシナリオを描いていて、米国衰退、内戦前夜というタイミングが重なったため大いに参考になる。米中戦争の結末について予測している。ハンソンは敵によって完全に破壊された4つの文明を考察し、その後、米国と国内外の敵との比較をおこなった。アメリカの知識人の中でトランプを支持するハンソンの著作は10冊あまりあり、そのうちの『図説古代ギリシアの戦い』が邦訳されている。トランプもハンソンの愛読者の1人だ。ハンソン理論の骨格は「一方が戦争に負けた場合、典型的な対応は降伏することである。彼らは全滅したわけではない。ひとつは古代ギリシアのテーベ（ギリシア語＝ティヴァ）がマケドニアと戦い、アレキサンダーに滅ぼされた事例と、カルタゴがローマと3回戦い、殲滅された歴史を例に用いた。

敗北しても残存しているのはコンスタンティノープル（東ローマ帝国）、そして多くの知識人も殆ど知らないテノチティトラン（アステカ帝国の首都、スペインに殲滅された）だ。これらの国の指導者らは自分たちが無敵であると思い込み、たとい侵略されても、政治的に巧みに処理し、交渉し、勝利できると考えていた。

「最初に侵略者を理解することが重要だ。カルタゴはローマ人が世界的な野心を持っており、地中海全体を支配したいと考えていたとは知らなかった。自分たちが唯一の障害であり、何をしても障害と解釈されてしまうという認識がなかった。カルタゴはローマ人を説得できると考えた」（この場合、カルタゴを日本に、ローマ帝国を中国に置き換えて考えるとよく分かる）。

猛将ハンニバルが象部隊を率いて勇躍アルプスを越え、ローマを陥落寸前に追い込んだとき、カルタゴ議会はハンニバルに撤退を命じた。まさに「平和主義者が戦争を引き起こす」（小室直樹）のたとえの通りだ。そのうえハンニバルはフェニキアに追われ、そこで毒を盛られた。悲劇的最後はヤマトタケル風である。

古代ギリシアのテーベ（ミケーネ文明圏）は紀元前6世紀　アテナイと衝突、アケメネス朝ペルシアの侵攻と戦う。結局、テーベはギリシアに敗北した。紀元前5世紀、アテナイvsスパルタが戦争を始めた。既存の大国は新興国家を滅ぼす宿命にあるというのが「ツキディデスの罠」である。

アメリカが中国を滅ぼそうとすれば、まさに「ツキディデスの罠」に嵌まることになる。スパルタと同盟したテーベは一時的にアテナイを破ったが、その後、スパルタによるテーベの併呑企図を知り、密かにアテナイと連携した。マケドニアの支援で辛勝したが、やがて紀元前4世紀にアレキサンダーと戦い、スパルタもろともに滅ぼされた。米中が激突し共倒れになると、裨益するのはロシアとインドだろう。

「通商国家」「軽武装」のカルタゴは地中海の交易拠点、商業国家として繁栄し、カルタゴの貨幣は地中海の国際通貨だった。カルタゴはジブラルタルを超えてブリテン島まで進出、シチリア島、サルデーニャ島、コルシカ島などを勢力下におさめた。しかしイベリア半島のカルタヘナ（新カルタゴ）、シチリアのシラクサがカルタゴに不満を抱き、ローマに援軍を要請したためポエニ戦争となる。

第1次ポエニ戦争（前264年～前241年）でカルタゴがローマに敗れシチリアを失った。

第2次ポエニ戦争（前218年～前201年）では将軍ハンニバルが活躍し大勝利。だがその後、スキピオの率いるローマ軍に反撃され「ザマの戦い」で敗れ、海外領土を失なう。

第3次ポエニ戦争（前149年～前146年）でローマ軍によってカルタゴはことごとく破壊され、滅亡した。市民は殺され、女たちは奴隷にされた。

コンスタンチノープル陥落（1453年）、オスマントルコによって東ローマ帝国は滅亡した。このローマの崩壊は、その後の歴史に4つの大きな影響をもたらした。

(1) 大航海時代の幕開け　ヨーロッパではコンスタンティノープルを経由しないルート開拓として大航海時代が始まった。

(2) 宗教改革　キリスト教徒にとって聖地だったコンスタンチノープル陥落は、キリスト教がイスラム教に敗北したことであり、ローマ教皇の権威失墜を意味し、後の宗教改革への胎動につながった。

(3)バルカン半島諸国は、後にオスマン帝国に滅ぼされるか、ハプスブルク家の傘下になるか、欧州の地政学に大きく影響した。

(4)学者・知識人が東ローマで保存・研究されてきた古代ギリシャ・ローマ時代の文献を携えて西欧へと亡命し、これがイタリア・ルネサンスに多大な影響を与えた。

テノチティトラン（アステカ帝国の首都）の滅亡は西暦1521年、スペイン人のコルテスによって征服されたことによる。現在のメキシコ＝シティーの場所にあったとされ、テスココ湖に浮かぶテノチティトランとトラテロルコの2つの島に築かれた湖面都市だった。スペイン侵略軍に対して国王モクテスマ2世はその軍勢に驚き戦わずして服従した。次の国王クアウテモクは反撃に転じ、スペイン人をテノチティトランから撤退させた。すると、スペインは火砲と騎馬で武装し、テノチティトランを3カ月にわたって攻撃した。ついにスペイン軍に敗れ、首都は陥落し約3万のアステカ兵が殺された。インディオたちの多くが、コルテスをむしろ解放者として歓迎したが、じつは征服者であった。市街を破壊し、運河を埋め、その富を奪い、インディオを奴隷とした。

こうした事例から「米国の敵は米国内部を蝕んでいる」とハンセンは結論する。

米国が衰退する大国であると仮定し、中国が台頭する大国として見ると、「我々は2度の世界大戦に勝利し、戦後秩序を築き上げ、どの国の防衛にも最も多くの資金を費やした。私たちが勝ちたいと思えば（中国に）勝てる」とハンセンは言う。

「しかし米国は36兆ドルの負債を抱え、100日ごとに1兆ドルを借金し、軍隊は4万5000人が不足し、都市は犯罪で満ち、中国は米国を弱体化させる計画を持つ。核兵器と核艦船を製造した中国の人口は米国のほぼ5倍。習近平は『アメリカに対して人民戦争を行っている』と発言しているが、どういうわけか私たちは気づいていない」。

脅威を認識できない原因はメディアと知識人の思い込みにある。

「最大の脅威はメディア、ハイテク、高等教育を受けながらもユートピア的な衝動を持ち、他の人たちより道徳的または知的に優れていると信じている一群のエリート層だ。かれらは夢を達成するためにはどんな手段も許されると考えている。教育機関はかれらによって攻撃にさらされ、新たな（危機的な）領域に入り、政府機関や組織は非常に歪んでおり、短期的な政治的利益を狙っている。皮肉なことに、これをやっている人々のほうが『民主主義は闇の中で死ぬ』と言っている」

とハンセンは語る。

第4章

米国に新南北戦争を仕掛ける中国の謀略

皮肉にも中国への敵愾心が分裂を抑止している

米国の分裂状態の加速化をかろうじて抑止しているのは外的要因である。

すなわち中国の軍事的脅威とその軍事的挑発に対するアメリカ人の敵愾心、短絡的な反発である。

ロイターの世論調査(2024年5月3日)では58%のアメリカ人が「TikTokは中国のスパイ」という認識を示した。

トランプ前大統領のシンクタンク「米国第一政策研究所(AFPI)」が作成した安全保障政策の提言書がある。「米国第1の国家安全保障アプローチ」とし、「バイデン政権は中国やロシア、イランなど敵対勢力の抑止に失敗した」と痛烈に批判した。この提言書は、「中国を最大の脅威」と位置づけた点に特徴がある。

「米国民の利益を優先させる」目的を掲げたトランプ政権の統治とは「米国第一(アメリカファースト)政策の下では平和がもたらされ、新たな戦争に参戦しなかった」。

一方、「バイデン大統領の不適格な指導力も加わって米国と世界の安全は悲惨な状況に陥った。アフガニスタンからの米軍撤退は敵対勢力に対して〝米国の弱さ〟を見せてしまった。以後、ロシアのウクライナ侵略、中国の台湾への威圧や北朝鮮の核・ミサイル開発の加速、中東でのイランや親イラン勢力の攻勢など不安定で危険になった」とする。

アメリカファースト政策は「孤立主義」ではないし、米国は自由世界の指導者から後退するものではない。NATOなど同盟諸国と密接に協力しつつも、同盟諸国は相互防衛に応分の費用を負担することが不可欠である。強固な同盟関係が敵対勢力に勝る最大の比較優位になる」と唱えている。

AFPIは、「米国の安全保障の最大の脅威はウクライナ戦争ではなく中国だ」と断言し、「台湾への中国の侵略に備え、不可欠な兵器や訓練の確保など、『台湾関係法』に基づく関与の重要性」を強調した。「台湾有事に関し最重要パートナーである日本に対し、自衛隊の再軍備に加え、東・南シナ海での中国の台頭に対抗するため他の同盟諸国への強固な支援が必要だ」としている。

中国の軍事的脅威は「張り子の虎」だろうが、習近平（中国共産党主席）の政治外交力はEU諸国の個別撃破にあり、ロシアとの強い絆の強化が狙いだ。経済的には国内の行き詰まりからの打開策は輸出増大にあり、外的要因によって経済の活性化を図ろうとするのが中国である。それゆえにトランプは昨今のドル高は「大惨事だ」というのである。

5月にイエレン米財務長官はイタリア北部ストレーザで開いたG7の記者会見で、(日本の)為替介入について「日常的に使われる手段ではない。介入は極めて稀に行われるべきだ」との立場を表明した。G7財務相・中央銀行総裁会議の直前、円買いドル売り介入の日本を牽制した格好となった。とくにイエレンは中国に対して〝過剰生産〟を一貫して批判してきた。通貨政策の基本方針はドル高維持なのである。ドル高・円安が続いているのは簡単な理由で、日米金利差により日本のカネはドルに流れ、大赤字国家であるアメリカにドルが環流することで、経済拡大路線が維持できるからだ。

一方、トランプ前大統領はドル高は「アメリカ国内の製造業が打撃を受ける」とし、「ドル高は(バイデンやイエレンのような)愚かな人々にとっては聞こえがいいが、アメリカ国内の製造業はドル高によって競争力をなくした。多くがビジネス機会を失い、外国に工場を建設することになる。バイデン大統領は円安ドル高を放置している」と批判した。

トランプはシェールガス開発のためオバマが規制した諸規制を撤廃もしくは緩和し、またEV生産拡大による大量失業を懸念したUAW(自動車労組)の票を取り込み、民主党の大口献金を続けるGAFAMを批判し、労働者の雇用創出を重視してきた(GAFAMとはグーグル、アップル、フェイスブック、アマゾン、マイクロソフト)。

北京はロシアのウクライナ侵攻以後、戦狼外交から微笑外交に変えた。脆弱なポイントは経済である。

ステノ・リサーチCEOのアンドレアス・ステノ・レーセンは「人民元の劇的な切り下げが近い」と予測する。レーセンは中国の「戦略備蓄」の激増ぶりに注目し、とくに金備蓄が戦略的におこなわれており、「経済戦争での核兵器に値する」という。何故なら中国は人民元切り下げで輸出競争力を強化し、外国資本を再び呼び込むことになるからだ」とした。

ロシアの『プラウダ』(英語版)は「異様な中国の金備蓄は対米戦争への備えだ」と総括した。「外貨準備の通貨の多角化、とりわけ金備蓄増量は中国の戦略的動きだが、世界経済に緊張感を深めるばかりか、人民元安は輸入代金を嵩上げしインフレを将来する。一方、サプライチェーンが混乱することになり、人民元切り下げをおこなう環境ではない」とするのがコーネル大学のエスワー・プラサド教授(元IMF幹部)だ。

経済のアキレス腱、中国の脆弱性のどこかに絞り込んで米国は攻めようとしているのである。

中国敵視はチベット政策にもあらわれる。

2024年6月19日、米国議会代表団が「チベット亡命政府」のあるインドのダラムサラでダライ・ラマ法王と会談した。団長は米下院外交委員長のマイケル・マッコール（共和党）。前下院議長ナンシー・ペロシ（民主党）を含む7名で、中国問題では共和党・民主党を問わず合意がある。

米国議員団は直前に米議会で可決された「チベット問題解決法」に基づき、チベットと中国政府との間の解決を平和的におこなうとするものだ。「チベット問題解決法」としても知られる法案は、チベットは古代から中国の一部であったという北京の主張を否定し、中国に対して「チベットの歴史、チベット人、ダライ・ラマを含むチベットの組織に関する偽情報の拡散をやめる」よう求めている。概要は「チベット・中国紛争解決促進法は、チベットと中国の間の紛争は国連憲章を含む国際法に従い、無条件の対話による平和的手段で解決されなければならないというのが米国の政策である」とした上で、米国は以下のことをすべきだとする。

中国政府とダライ・ラマまたはその代表者、あるいはチベット社会の民主的に選出された指導者との間で、条件を付けずに実質的な対話を促進する。米国はチベットに関する交渉による合意につながる対話の見通しを改善する活動も検討できる。チベットに関する合意交渉という目標に向けた多国間の取り組みにおいて他の政府と連携する。中国政府に対し、チベット人の独自の歴史、文化、宗教、言語的アイデンティティに関する彼らの願望に応えるよう奨励する。中国政府と共産党による「チベットに関する偽情報に対抗する」ための広報外交活動を行う。これには「チベットの歴史、チベット人、ダライ・ラマを含むチベットの機関に関する偽情報」が含まれる。

国務省のチベット問題担当特別調整官に権限を与え、米国政府の声明や文書がチベットに関する偽情報に対抗できるよう取り組む。

中国政府は、チベットはチベット自治区（チベット本来の領土の半分未満を占める行政区域）のみであるとの見解を表明しているが、この法律案には、チベットには甘粛省、青海省、四川省、雲南省のチベット地域も含まれる。

ダラムサラでマコール団長は「法案可決によりチベットの民族自決権が再確認された。また中国共産党からチベット訪問を警告する（脅迫のような）手紙を受け取りました。私たちは今日ここにいます」。ペロシは「（今回の訪問は）チベットの自由問題に関するわれわれの考えと理解が明確であるという中国政府へのメッセージである」と述べた。

中国の脅威が米国の分裂議論を止揚させている。唯一この中国問題で米国の議会人は鳩も鷹も超党派に変身できるのだ。

中国に「南北戦争」便乗型の「新戦争論」

中国で新しい戦争理論が発表され、世界のチャイナウォッチャーが注目した。嘗てロシアのゲラシモフ参謀総長がとなえた「ハイブリッド」（ゲラシモフ理論）の革新性に匹敵するとする評価もある。

中国の軍事戦略家として著名な劉明福（北京国防大学教授）は「台湾統一の遣り方をアメリカ南北戦争をモデルとする」という新理論を構築し、すぐに日本でも紹介された（峯村健治訳『中国「軍事強国」への夢』、文春新書）。

とくに「米国の南北戦争を、分裂勢力を決定的に打ち砕き、国家の統一維持に成功した、再統一戦争のモデル」だとしている。劉明福は「台湾統一戦争は犠牲者と国家支出を削減することで南北戦争のモデルを超越しインテリジェント戦争、文明戦争、死傷者ゼロの戦争を目指すべきだ」と主張している。

劉明徳は党内で影響力を持ち、しかも軍内部の反腐敗運動の一環として中国共産党前国防部長の李尚福上将とその前任者の魏鳳和上将追放劇の黒幕とも言われる。

習近平は2019年の正月講話で、「台湾同胞に告げる書」を唱え、「中国の夢は台湾海峡両岸の同胞の共通の夢」であるとして、「祖国は必ず統一されなければならない」と宣言した。

龍明福の「理論」なるものに従うと、「米国の南北戦争の主な目的は国家の結束を維持し、分離に対抗すること」と分析し、「これは米国の統一戦争だった」とユニークな解釈を示した。米国における主流の分析とはまったく異なる。

しかし留意すべきは劉が、米国南北戦争に関して4つの特徴を指摘していることだ。①不確実な勝利、②最小限の外部干渉、③長期にわたる紛争、④広範囲な被害である。

米国の拡張主義を封じ込める機会と見た英国が中立を宣言し、南部連合を「交戦国」として承認した。この意味は南部連合を独立国家として承認する可能性に向けた重要な一歩となった。フランスとスペインもこれに追随し、これら列強の干渉が米国の直面する国内の課題を悪化させ、南北戦争を4年間も続く過酷な消耗戦に変えた。北軍は大きな挫折をあじわいつつ最終的に勝利したものの莫大な人的犠牲を伴い、50万人以上の米国人が命を落とした。これは2つの世界大戦、朝鮮戦争、ベトナム戦争を合わせたアメリカの戦死者数を上回る。

劉明福にとっての潜在的な再統一戦争は、台湾独立運動と、とりわけ米国、日本、その他の国からの外部干渉を否定することで、「反分裂」と「反干渉」という二重の目標を設定することによって特徴づけられる。「新型統一戦争」で決定的な勝利を収めるために中国は3つの点で旧来の（米国の）モデルを超越する必要があると論じている。

第1に、中国は大規模な死傷者と国家支出を避けなければならない。武力衝突の代わりに中国と人民解放軍は「知能戦争」、「文明戦争」、「死傷者ゼロ戦争」を目指すべきであり、これは人類史上類を見ない戦争になると抽象論を述べる。

第2に中国は「上陸作戦」を再定義すべきである。伝統的な上陸作戦は時代遅れであり、代わりに人命損失を最小限に抑え、戦略的有効性を最大化する革新的な方法を追求すべきであるとするが具体策は述べていない。

第3に人民解放軍は戦術レベルで革新を起こさなければならない。台湾海峡両岸の分離状態が70年続いたことでパラダイムシフトが起こり、中国と台湾双方で上陸作戦の賛否が問われている。

この「劉理論」にはアキレス腱がある。クアッド（日米豪印4カ国の防衛協定）、AUKUS（米英豪の軍事協力）、そして米軍基地がある韓国、日本、フィリピンなど多層な安全保障構造を含む地域安全保障を考慮していない点である。

ハマスのイスラエルへのテロ攻撃以後、多くの国が国連でパレスチナ国家を承認した。同じように、国連で台湾を支持する動議が提出される可能性が高いうえ、ロシアのウクライナ侵攻以後の孤立と経済・金融制裁やG7や国連総会決議による度重なるロシア非難という政治の移り変わりを目撃している。こうした国際的な動きが、中国の戦闘意欲を大きく変える可能性があるのだが、劉理論はその可能性に触れていない。

2024年8月21日、台北の安保フォーラムの基調講演はニッキー・ヘイリー元米国国連大使だった。ここで彼女は「台湾を国連の正式加盟国に」と発言し、北京が慌てた一幕があった。

韜光養晦から露骨な覇権国家へ

韜光養晦《とうこうようかい》とは1990年代に「最高実力者」（肩書きがないのにトップだった）、鄧小平が強調したスローガンで、「才能を隠して内に力を蓄える」という中国の外交・安保政策の基本方針だった。出典は三国志、劉備玄徳の言葉で、この四字熟語に込められていた意思は臥薪嘗胆、立志報復だった。

中国は1989年6月4日の天安門事件で国際的に孤立し、西側から厳格に経済制裁を突きつけられて、経済が頓挫した。このため爪を隠して国際社会における存在空間を広げながら基本的な経済力もつける必要があった。他方で西側の中国制裁を「われわれの政権転覆を狙う『和平演変』だ」と言っていた。日本が真っ先に西側の掟を破り中国に助け船をだした。

北京五輪を契機に、中国はすっかり自信をつけ、北京五輪直後にGDPで日本を超えて世界第2位となると、米国以外の指導者すら見下ろすような態度を取り始めた。

胡錦濤政権後期には「韜光養晦」路線を捨てた。日本に対しては傲岸不遜、上から目線で「教えてやろうか」という態度に変わった。やっぱり、臥薪嘗胆、立志報復というしっかりとした意思を含んでいたのだった。

習近平となると鄧小平路線などきれいさっぱりと忘れ去り、というより習は鄧小平やエリツィン、ゴルバチョフを嫌っており、改革など眼中にはない。人民の幸福など考えたことがない。尊敬するのは毛沢東だから始末がわるい。

韜光養晦は中国共産党指導部の記憶細胞から消えた。南シナ海に人工島を造成し、ベトナム、マレーシア、フィリピン、ブルネイ、インドネシアと領海をめぐる諍いがエスカレートした。

台湾海峡には連日、脅迫の武威、戦闘機から空母、巡洋艦に潜水艦、台湾侵攻は尖閣諸島占拠がセットになるから尖閣海域への海警艦船は武装している。領海侵犯をくり返し、恫喝を継続させている。たとえば２０２４年6月22日から48時間で台湾上空に出現した中国軍機は未曾有の77機に達した。

米国の有力シンクタンク「ＣＳＩＳ」は「軍事力の衝突によらずとも中国海警の陣容を見れば、海上封鎖で台湾を日干しにする能力がある」と報告書を出している。

フィリピン沖合の珊瑚礁を埋めたて、「ここは中国領だ、文句あるか」と白昼堂々の侵略行為を見せつけた。

さらに過去数年来、南太平洋の島嶼国家群へ大規模に進出し巨額の投資と引き替えに台湾と断交させ、戦略的要衝の港湾近代化というプロジェクトを持ちかけた。こうした露骨な札束外交と軍事的威嚇という一連の中国の軍事的膨張に米国はすっかりつむじを曲げた。

とはいうものの米国はもはや単独での対抗は難しくなり日本のほかにインド、豪州とのシェアを重視している。

中国の軍事的威嚇、恫喝の武威デモンストレーションは米国、インド、日本、台湾、豪州を十分すぎるほどに刺激した。痴呆老人のバイデンでさえ、習近平を「独裁者」と言い出した。強力なチャイナ・ロビー、中国の代理人だったヘンリー・キッシンジャー元国務長官は視界から消えた。

日本をも刺激した。なにしろ平和憲法、非武装中立の虚言を吐き続けてきた日本がGDP1%の防衛費枠を突破しても国民の反対はごく少数だった。バイデン政権は就任以来、2024年7月までに台湾に15回にわたって高性能武器を供与し、米海兵隊は台湾兵の訓練にあたった。

さらにスパイ気球、スパイクレーンに技術スパイ、あまつさえ中国スパイの根城となっていた孔子学院の存在。あらかたの最新技術を盗み出し、ハッカーを大々的に仕掛け、TikTokなどを使ってフェイク情報を送り続けた。これほど無神経な行為はなく感度の鈍いバイデン・ハリス政権ですら怒らせた。

ちょっと考えて見ても、中国の立ち居振る舞いは愚かではないか。

自らの野心を相手に邪推させせることは戦略的思考から言えば愚昧きわまりなく孫子が生きていたら「おまえ、何をやっているのだ」と怒り出すだろう。しかし、もう一度よく考えて見ると、中国伝来の方式とは、外に向かって何かを喧伝しているとき、内部での矛盾を隠蔽している可能性が高い。

おそらく共産党高層部と軍のなかで、熾烈な権力闘争が起きているに違いなく、そうした脆弱性を糊塗するために外部に向かって威張りちらす、居丈高に横暴に振る舞って国内矛盾をすり替えているようだ。

日本も静かに対応を始めた。日中友好の象徴であった日本製鉄と宝山製鉄の自動車鋼板合弁企業は合弁解消となる。日本がさんざん技術を提供した挙げ句、中国の鉄鋼はダンピングで世界市場を抑えた。

日本製鉄の戦略はUSスチール買収とインドにおけるミタルとの提携にあり、中国はもはや不要という結論からの決断だった。

宝山製鉄をかなり前に取材したことがあるが、驚いたのは工場のまわりに日本語のカラオケが数店舗。日本人駐在エンジニアは交替でのべ1万人が派遣された。つねに数十人規模で宝山には日本人エンジニアが駐在していたので、日本語で歌えるカラオケの需要があったのだろう。

バイデン・民主党の中国政策は「木刀外交」

米中対立、中国軍の台湾侵攻が想定されている現状では、日本の尖閣諸島は風前の灯火、「来るか、来ないか」ではなく「いつ来るか」の問題だと多くの軍事関係者がいう。

習近平の「中国の夢」という時代錯誤的な願望は日清戦争前の状態に戻るというパラノイア症候群によって突き動かされている。

口を開けば「台湾統一」を吠え、2024年6月には独立分子には死刑を含む厳罰を加えると法律を改悪した。しかしウクライナ戦争を目撃した中国共産党は、台湾侵略を始めたら長期化し泥沼になることを理解できたようである。台湾は中国の領土であり、尖閣はその「台湾の一部」だから尖閣を強奪することは台湾侵略とセットになる。

習近平の強迫観念とも言える「中国の夢」は「梁啓超が原点だ」と劉公島の甲午戦争記念館を訪れた近藤大介氏は『尖閣有事　中国「戦狼外交」の行方』（中央公論新社）でこう指摘

している。

梁啓超はこう書いた。「喚起吾国千年是大夢　実自甲午一役始也」（中国の千年の大きな夢を喚起せよ。それは甲午戦争（日清戦争の敗北）から実行するのだ）

米国は次から次へと中国に対して経済制裁を課してきたが、当該の半導体製造装置が禁輸となっているにも拘わらず、ファーウェイの新製品スマホには7ナノ半導体が使われていた。つまりバイデンの中国制裁なるものはザル法だった。バイデンのやっている中国外交は「木刀外交」だと近藤大介が揶揄する。言い得て妙、真剣勝負ではないから気合がはいらない。そのことを把握している中国はバイデンを舐めきっている。

バイデンは歴代米国大統領がそうだったように中国には無知で、バイデンと習近平の最初の出会いはいまから13年前、２０１１年6月のイタリアだった。当時バイデンはオバマ政権の副大統領、習は胡錦濤政権の副主席だった。お互いがナンバーツーの位置にいたのだ。その2カ月後、習がホスト役となりバイデンを国賓招待して「至れり尽くせり」の招待外交を展開、都江堰にも連れて行った。中国料理に舌鼓を打って「孫に中国語を習わせる」とバイデンは言ってみたが、その舌の根も乾かぬうちに夜中にホテルを抜け出して近くのボロ食堂へ行きジャージャーメンを食し「美味い」と連発したそうな。

中国はバイデンを「柳のような男」と総括した。「風向きによって東に揺れたり西に靡《なび》いたりし確固たる哲学、信念が感じられない政治家」だから、「こんなの」が大統領になってくれれば中米関係は楽になると中国の外交官は思っていたというから脇から見ても「稀な間抜け」(トランプの言)ぶりだった。

返礼でバイデンは習近平訪米を歓迎し、アイオワ州の農家からハリウッドまでつきっきりで案内した。挙げ句、「おれは米国で一番、習近平と親しい」と吹聴、あまつさえバイデン訪日時、中国が尖閣諸島を含む空域を勝手に「防空識別圏」を設定したとき安倍首相(当時)は日米で撤回を求める共同声明を提案すると、バイデンは「日中両国間のホットラインで済むことだ」と取り合わず、日米首脳会談をそそくさと終えると、翌日には北京で習と5時間半にもおよぶ会談を行った。バイデンの関心事は利権だから微に入り細に亘って利権構築の詰めをおこなったのだろう。

中国にとって外国とは敵か味方かであり、白か黒かであり、論点によって政策が異なり問題によっては曖昧とする西側の外交は理解できない特色を持つ。だから米国のいう「デカップリング」(経済分断)とか「デリスキング」(リスク回避)とかは中国にとっては理解の範疇にはない。

米国と中国は戦略的影響力を競い合う二つの大国であることに間違いはない。両国は自由民主主義国家と権威主義国家という2つのイデオロギー圏の対抗リーダーでもある。

「ツキディデスの罠」にしたがうと、どちらか一方が滅びるまで戦いは続くのだが、米国では中国の脅威認識は80%近くに達するものの、「中国を木っ葉微塵にやっつけろ」とする強硬論は殆どみかけない。

米国の中国論はみごとに分裂している。

かたや「中国共産党は自由主義的な政治価値観に基づく政府と平和的に共存することはできない」と主張し、「抑圧された中国国民を救済する」のみならず、自衛のためにも「自由世界は中国共産党打倒に取り組まなければならない」とする。この訴えはメディアが殆ど伝えない。

典型がマイク・ポンペオ国務長官（当時）の演説だった（2020年7月。カリフォルニア州ニクソン記念館で）。ポンペオは「自由を愛する世界の国々は中国に変化を促さなければならない。今、行動しなければ、最終的に中国共産党が我々の自由を侵害することになる。そうなれば我々の子孫が中国共産党のなすがままになるかもしれない」と警告した。

前年にはペンス副大統領（当時）のハドソン研究所における演説が大きく注目された。ペンスは中国に現実的な関係構築を呼び掛けた演説だった。

ポンペオは中国共産党と自由・民主主義国家を明確に対比させ、「自由主義の世界は独裁体制に勝利しなければならない、中国が繁栄すれば民主主義に転換するなどと淡い期待の下での『関与政策（エンゲージメント）』は失敗だった」と総括、米中国交正常化を主導したニクソン元大統領が言った「中国が変わらない限り、世界は安全にはならない」を引用して「自由主義の同盟諸国が立ち上がって中国の姿勢を変えるときだ」としたものの直接的な軍事対決には言及しなかった。

『フォーリン・アフェアーズ』（2024年5・6月合併号）で、マット・ポッティンジャー（トランプ政権の国家安全保障担当大統領副補佐官、次期トランプ政権で補佐官に最有力）と連邦議会下院の中国問題委員会委員長だったマイク・ギャラガーが「米国政府は中国共産党の打倒を米国の対中政策の主要目標にすべきだ」と主張した。さらに「中国共産党政権は、自由主義的価値観を堅持する世界を容認できない。緊張緩和を求めることは米国にとって裏目に出る。したがって米国は中国との競争を『管理』するのではなく『勝つ』よう努めるべきだ」と唱えた。

このような言い分は、民主党が牛耳る米国政府の公式政策とは異なっている。共同論文の内容は第1に、北京はもはや「激戦または冷戦」において米国または米国同盟国に勝てるという希望を持たなくなっている。

第2に、バイデン政権の対中外交はデコボコであり、油断したら香港の自由は失われていた。

中国共産党にとっては政治権力の独占を死守することが最大の優先課題である。これこそが中国政府の核心的利益であり、これを攻撃する意図をワシントンが表明するという意味は「中国を完全な敵と位置づけることになって逆効果だ」とブリンケンは唱えるのである。

中国メディアはバイデン大統領が2022年のバリ島APECで、また翌年にはカリフォルニアAPECで習近平主席と会談した際に「米国は中国の制度を尊重しており、それを変えようとはしていない」としたポイントを力説し、繰り返している。習政権は「西洋の立憲民主主義」と「普遍的価値」の理念が党の指導的地位の維持に及ぼす脅威を非常に感じている。中国の外交は米国の世界的な威信と影響力を弱めることに執着している。

習近平が最高指導者となって以来、中国は世界経済の中心的地位を獲得し、米国との軍事力の差を縮めた。習近平が拡張主義的なのは、権威主義的であるというだけでなく、中国が現在、相対的に優位な力と影響力を享受していると認識しているからだ。

歴史的にみても英国、フランス、オランダ、米国などの「民主主義国家」が、過去に先住民の同意を得ずに植民地を奪取してきた。中国は、依然として日本を憎み、台湾と南シナ海は中国のものだと信じている。中華民国（台湾）は歴《れっき》とした民主主義国なのに、中国は「台湾をかならずや統一する、武力行使も辞せず」と脅しをかけ、また尖閣諸島と南シナ海をめぐっても一切の根拠を示さず領有権を主張し続ける。国際貿易や金融に視野を移せば、米中両国は貿易と投資の管理を必要としているし、気候変動、健康、環境保護、国際犯罪などの国境を越えた問題では米中の連携が不可欠だ。また偶発的な軍事衝突を防ぐために、相互に意思疎通を図る必要があることも言を俟《ま》たない。

モルガンスタンレーの主任エコノミストだったスティーブン・ローチは『サウスチャイナ・モーニングポスト』（2024年6月3日）でこう述べた。

「米国の対中保護主義は歴史的な大失態で『新たな永遠の戦争』になる危険がある」

ローチは「わたしは過去中国経済について楽観的だった。その時代は終わった。生産効率の低下が質の高い成長を裏切り、中国は世界で最も強力な経済の原動力であるにもかかわらずパワーは衰退している」とした。

「米国債をこれ以上売らないで」

2024年4月4日、ジャネット・イエレン米財務長官は広東省に到着した。そこで何立鋒副首相等と会談し、はやくも中国の「過剰生産」の大問題に言及した。世界貿易秩序の波乱要因として懸念を表明した。

ところが中国のメディアは、イエレンが前回訪中時にビールを飲んで、奇妙なキノコを食べていた写真を配信し、今度は何を食べたか等とへんな記事を配信していた。

訪中前の講演でもイエレンは「世界の価格と生産パターンを歪め、米国ばかりか世界中の企業と労働者に打撃を与える」と発言した。

王文濤商務部長は、「補助金の所為ではなく、中国のイノベーションの賜物であり、過剰生産と言われるのは市場メカニズムの結果である」と米側の主張に反駁した。

この時点で米国は中国製ＥＶに25％の報復関税をかけており、トランプ前大統領は、これを60％にすると唱え、またメキシコ製の中国車には100％の関税をかけると訴えていた。ジョシュ・ホーリー上院議員は125％、おなじくマルコ・ルビオ上院議員は「中国車1台あたり2万ドルの追加関税を求める法案」をすでに議会に提出した。

この動きに応じたのか、中国のEVメーカーはタイに進出し、値下げと補助金で攻勢をかけ、日本が圧勝してきたタイの自動車市場を蚕食し始めた。中国EVのタイ進出はBYDに加えて長城汽車、長安汽車、浙江吉利などが、低価格帯EVや大幅値引きでシェアを増やしている。またEUが米国路線を追随して関税をかけるとしたためBYDはハンガリーに続いてトルコにも工場を建設し高関税の対象から外す政策に転換した。

イエレン財務長官は中国の「過剰生産」へ懸念を繰り返し表明したが、EV、太陽パネルのみならず、新幹線もマンションも「過剰生産」であり、さらに深刻なのは大学生の「過剰生産」である。

人の住まないマンション、辺境で乗客のいない新幹線や空港も高速道路も造りすぎ、テーマパークもあちこちに建てて、いまはペンペン草が生えている。海外にも過剰生産の付け足しのようにBRI（一帯一路）プロジェクトでも世界各地にゴーストタウンを造った。「過剰生産」をイエレンは重大な懸念だと繰り返し述べたが、中国側は聞く耳がなかった。

北京では李強首相、劉鶴前副首相らがイエレンと会談した。中国側は米中対決という環境下、むしろ異例の厚遇ぶりを示した。李強首相は決められた台詞「敵対関係ではなくパートナーであるべきだ」と歯の浮くような発言を繰り出した。直前に中国政府は鉄鋼の減産方針を全国に通知し、過剰生産対応のジェスチャーを示したが、鉄鋼、造船、風力発電、太陽光パネル、そしてEVと、その廉価というよりダンピング輸出は世界市場を潰乱させた。風力発電の世界シェアは中国メーカーがトップ・ファイブのうち、「金風科技」「遠景能源」「明陽智能」「運達能源」の4社である。メーカー乱立で収益は殆どないのが実態である。

中国製太陽光パネルはトリナ・ソーラー、カナディアン・ソーラー、ジンコ・ソーラー・ホールディング、JAソーラーが上位を独占しており、世界の太陽光パネル出荷量の上位4位を寡占した。じつに世界出荷量のうち70％強を中国系企業が独占した。太陽光パネルが日本列島各地を埋め尽くしたが、不評ばかり。おまけに土砂災害を引き起こした。ついで中国製EVがEU市場を攪乱し始めたためEU委員会は重い腰を上げて規制に乗り出す。

かくしてイエレンの警告は世界市場すべての問題なのである。不動産関連で墜落した中国経済の補完を、EVを筆頭にクリーンエネルギー関連、バイオなどに転化しGDP成長率を堅持しようとしているのだ。

「米国と日本を移民占領しようぜ」

中国は不法移民も〝過剰生産〟している。

2024年5月16日、米連邦議会下院の国土安全保障委員会の監視・調査・説明責任小委員会（ダン・ビショップ委員長＝共和党）は公聴会を開催し、米国南部国境を不法に越える「異様な、前例のない中国人の流れ」に言及した。

中国人の不法移民は激増し、現在、10万人をこえる中国人が〝政治亡命〟を申請している。なかにはスパイが紛れ込んでいる。

ビショップ委員長は「中国人移民に対する審査の質問が40問から僅か5問に減らされ、国家安全保障上、役に立たないことを懸念している」として続けた。「中国共産党が地政学的な優位性を追求し続け、我々の主権を脅かすリスクを検証する必要がある」。

中国人移民には「悪意のある動機」があると指摘されてきた。フェンタニルで死亡するアメリカ人は年間7万人前後、しかもこの闇取引の決済が中国のマネーロンダリングのシステムに組み込まれている。下院の中国問題特別委員会（当時の委員長＝マイケル・ギャラガー）は1年に及んだ調査報告書を提出し、「中国共産党が税金の還付を利用してフェンタニル化学物質の製造と輸出を補助している。補助金、助成金その他の手段を用いて、中国は米国人に損害を与える一方で中国企業を豊かにしている」と指摘した。

「バイデン政権が中国の化学企業やメキシコの麻薬カルテル、大手製薬会社などによる違法薬物取引に対してまったくの無策で失敗を繰り返した。南部国境を不法移民に開放したことにより、何百万人もの不法移民とともに、これらの違法薬物の流入が全米に拡大した」とギャラガーは警告した。

米国は麻薬による夥しい死者という惨事に直面した。半年ごとにベトナム戦争中の死者数に匹敵する死者を出している。死者の大半はフェンタニルが混入した麻薬による。多くはメキシコの麻薬カルテルによって通常の鎮痛剤や抗うつ剤として販売されている。当該報告書が続けた。

「中国はメキシコの麻薬カルテルに違法フェンタニル薬を製造する原料を供給し、米国内の中国人組織犯罪者がその収益の洗浄を担っている」

国務省の調査によれば留学ビザで入国した1000名以上の中国共産党系の留学生が、

不動産購入のためと称して、アメリカの銀行に10億ドル以上の麻薬資金を預けていたことが分かった。麻薬戦争を金融の分野に持ち込み、マネーロンダリング業者だけでなく、汚職を黙認、協力する銀行員にも法的責任を負わせる時が来ている。

カナダのトロント・ドミニオン銀行（以下TDと略すことがある）が6億5300万ドルの麻薬マネーロンダリング計画に関与していたとウォールストリート・ジャーナルが報道した（6月4日）。

司法省はカナダのTD銀行のマネーロンダリング犯罪を捜査開始し、中国のマフィアと麻薬密売人らが同銀行を利用して、米国でのフェンタニル販売による資金洗浄を行っていたとした。

中国人は年間5万ドルしか外貨持ち出しが出来ないが、大学授業料の平均は6万ドル以上である。教科書代など他諸経費、食費や賃貸は月に2000ドルかそれ以上かかる。この出費をどうするのか。

中国人留学生は犯罪の意識が無く気軽に利用するのが地下銀行である。携帯電話のメッセージで『アルバイト』を探していると打ち込むと、地下銀行システム関係者が学生に連絡し、配達人と会うように指示する。そこで学生は現金の束を手渡される。生徒の両親は、同額（プラス手数料）を（中国国内の）口座に振り込むよう求められ、その金がフェンタニル原料を製造化学会社の口座に振り込まれ、メキシコの麻薬カルテルの未払い金を清算する。地下銀行の典型的決済システムである。

外交問題評議会の国際資本移動の専門家、ブラッド・セッツァーは「中国からの資本逃避は年間およそ５１６０億ドルのペースだ」と具体的な数字を上げた。ロジャー・マーシャル議員（共和党、カンザス州）率いる共和党上院議員団は国土安全保障省アレハンドロ・マヨルカス長官に書簡を送り、「米国に不法入国した中国人移民の一部が中国共産党と結びついている可能性がある」と指摘した。

マーシャル議員は「中国共産党の指示で中国人がスパイ活動に従事し、軍事的・経済的機密を盗んだ例が数多く記録されている。中国が米国南部国境を越えて密輸されるフェンタニルなどの麻薬の重要な供給源である」と指摘した。

下院共和党は「国境危機の原因はバイデン政権下の国土安全保障長官の政策にある」と非難した。２月13日には、同長官を「法律遵守の意図的かつ組織的な拒否」と「国民の信頼の侵害」で弾劾する決議を行った。しかし上院は民主党が多数派であるため、弾劾成立には至らなかった。

さきの公聴会では、ヘリテージ財団の国境警備・移民センターのサイモン・ハンキンソン上級研究員が「審査プロセスは不十分だ。これは米国の移民法と主権を嘲笑するものであり、最悪の場合、国家安全保障と地域社会の安全に大きなリスクをもたらす。中国共産党、人民解放軍、その他の国家機関とつながる多くの中国人に加えて、国土安全保障省が犯罪歴のある人々を釈放している可能性が高い」と指摘した。

民主党系列の移民擁護論客も公聴会に呼ばれた。

メーランド大学のメレディス・オーウェン准教授は、「ほとんどの中国人が弾圧から逃れて仕事を見つけるために米国に来ているのだ」と強調した。ジェリー・ナドラー下院議員（ニューヨーク州。同性婚推進派）は移民小委員会の公聴会で、「農業生産には『不法移民』が必要で、さもなければ私たちの野菜は土の中で腐ってしまう」と述べた。

不法移民の人権を守れと訴える民主党が国家安全保障を優先させる共和党の懸念を一蹴したように議会は中国人の不法移民対策でさえ鮮明に分裂している。背後で議会の分裂工作を展開する中国ロビィストの暗躍がある。

ＴｉｋＴｏｋ禁止にトランプは反対

バイデン政権が成立させた「ＴｉｋＴｏｋ禁止」に対して、ＴｉｋＴｏｋ側は「憲法違反」だと訴訟を起こした。憲法修正第１条の「言論の自由の保護」に違反しているからである。

バイデン大統領が４月24日に署名を済ませた。つまりＴｉｋＴｏｋ禁止法は成立したのである。親会社の中国バイトダンスは２０２５年１月19日までにＴｉｋＴｏｋを米国企業に売却しなければならないこととなった。

中国ではツィッターもＴｉｋＴｏｋもフェイスブックも禁止されており、表現の自由などあるはずがない。ＴｉｋＴｏｋはインドがすでに禁止しており、豪州もこれに続く方向にある。日本は例によって「有識者会議」でも召集し、のらりくらりが続くのだろう。

トランプ前大統領が「ＴｉｋＴｏｋを禁止したらフェイスブックが肥るだけ」と反対を表明、ＲＫＪ（ロバート・ケネディ・ジュニア）も同調した。フェイスブックは前回の大統領選挙でバイデン選対に４億ドルという驚愕な献金をしている。親会社メタの左翼偏向は全米で問題となっている。

メタに対しての訴訟は世界的に拡がっている。とくに日本では「ホリエモン」など有名人などになりすましたニセ広告による金融詐欺被害が続出し、ニセ広告を出した運営会社に責任があるとしてメタ社の日本法人を相手取った損害賠償訴訟が予定されている。

すでに全米23州がメタを提訴している。ニューメキシコ州でも「メタが利益のために10代の若者を誘惑し、関与させ、最終的にターゲットにする技術を作り上げた」と主張した。3月にはカリフォルニア州など33州が、メタ・プラットフォームズ傘下の写真共有アプリ「インスタグラム」の中毒性が若者のメンタルヘルス危機を助長したとして、メタとインスタグラムを提訴した。

訴状に拠れば、「若者によるメタのソーシャルメディアプラットフォームの利用がうつ病や不安、不眠症、教育や日常生活への支障、その他多くのマイナスの結果と関連している。メタがリスクについて繰り返し人々を欺き、故意に子供やティーンに中毒性の高いソーシャルメディアの利用を促した」。

EU委員会はメタに対し、「インスタグラムで未成年者を保護するためにリスクを評価し、効果的な緩和策を講じる義務をどのように遵守しているか」の情報開示を求めた。

ＲＫＪは「アメリカ国内に多くのユーザーがいるＴｉｋＴｏｋを禁止する理由にアメリカ人の個人情報が中国に漏れているとしているが、これは『煙幕』に過ぎない。多くの国の諜報機関、とくに米国諜報機関は、常に国民のデータを収集している。だが当局はＴｉｋＴｏｋが何千人もの米国の若者のための起業家精神にあふれたプラットフォームであることを理解していない。そもそもこの措置は憲法違反だ」と主張した。

一方、トランプの言い分はこうだ。

「バイデン氏がＴｉｋＴｏｋ閉鎖に追い込んでいるのは、（ＴｉｋＴｏｋの競合相手の）フェイスブックの友人たちがより裕福で支配的になるのを助けるためだ」。つまり極左思想を垂れ流すフェイスブックがシェアを拡大するだけで、それは言論の自由に対してより危険だというのである。

習近平の経済の理解は社会主義時代のノルマであり、強迫観念のように国有企業の宿痾、中国人の体質なのである。だから馬雲やテンセントなど欧米並みの起業家が育っても、民間企業はかならず規制され、あるいは潰される。起業家精神は大きく削がれる。だから若者は国を棄てることになる。

半導体は技術窃取や台湾、韓国からのエンジニアのスカウト、米国における「千人計画」などで、中国は既に7ナノ半導体生産の技術を獲得したと米国のシンクタンクが報告している（1ナノは10億分の1）。米国はこのため3ナノ、2ナノ生産工場をアリゾナ州に誘致し、台湾のTSMCに1兆円もの政府支援を行って、工場をいちどに3つ建設中である。

しかしTSMCは1・4ナノならびに1ナノの研究と開発ラボを台湾に集中させているため、米国は次世代半導体技術の中国への漏洩を警戒している。TSMCの熊本工場は28ナノで家電、スマホ向け需要に対応するためであり、予定されている熊本第2工場とて、7ナノにとどまる。日本がIBM支援のもと、官民挙げていどむラピダスは、北海道千歳で2027年に2ナノ半導体生産を予定している。

米国の分裂を希望する中国だが米国より先に沈没しそうな気配が濃厚となった。業界のトップ、2位を含む不動産デベロッパーがデフォルトしたが、倒産しない。この中国的な「ゾンビ軍団」はどうなっているのか。

地方銀行、中小銀行の不良債権を肥大化させ、こんどは銀行の経営危機を招来させた。哈爾浜《ハルビン》銀行は不良債権率が44％も増えた。遼寧省の地銀、錦州銀行は上場廃止、江西省九江銀行は不良債権が3倍近くに膨らんだ。甘粛銀行も3倍近くに、貴州銀行は5割近く不良債権を増やしていた。

準大手以下27行の不良債権合計は2兆2300億円と「今のところ軽いレベルだ」と言い張っているが、不動産大手のデフォルト処理が進んでおらず、とくに外貨建て債券が軒並みパンクし、不動産不況の実態は最低でも24兆円が不良債権だろうと推計される。

中国最大のデベロッパー「碧桂園」も2023年10月にドル建て債権99億ドルをデフォルト、第2位だった恒大集団の破産はいうに及ばず、世茂集団は2年前に米ドル債10億ドルのデフォルト、ドイツ銀行などが香港高等裁判所に法手続きを申請した。このほか大手の万科、華潤、融創、遠洋などが業績不振に陥っている。これぞまさしくマンション供給過剰（生産過剰）の悪例である。

中国GDPの30%を占めた不動産ビジネスが危殆に瀕しているのであり、換言すれば中国経済は沈没寸前にあるということだ。

中国の大学新卒は2024年に1158万人に達した。ところが大卒ほど就職難、内定率は4割を切る深刻な状況である。内定の取り消しも続出している。たとえ就職できても、希望する給与は昔話、IT関連のビッグテックですらエンジニアの給与は6割から7割もカット。引く手あまたですぐに他社へ転職できた状況もなくなった。AI、半導体など技術を持つ学生なら大丈夫と言われたのも過去の話、花形だったアリババ、テンセントも大幅なレイオフを敢行した。

就職戦線では「35歳以上お断り」となった。35歳を過ぎると職場がないので、ならば建設現場へ行こうにもマンション、ビル建設現場はクレーンが停まっている。屋台でも引くかと思っても競争が激しく、こうなると貧困家庭が急増し、治安が悪化する。社会学的にいえば若者の心理に悪影響が出ている。鬱病、トラウマ、精神疾患の急増。社会は活気を喪う反面、金融詐欺が横行する。げんに「オレオレ詐欺」「なりすまし」「儲かりますよ」の詐欺は激増し、中国人の拠点がフィリピン、ラオス、カンボジアから昨今はミャンマーの山岳地帯にまで及んでいた。

頭脳の海外流失も顕著な勢いである。それも従来のアメリカ移住は激減しており、昨今の中国人の海外転職はフィリピン、ロシアだ。標語は「GO GLOBAL」。様変わりの中国、若者の不満のエネルギーはいかなるかたちで爆発するか？　こうした危機的状況を中国共産党は〝反日〟にすり替える特技を持つことも忘れてはならないだろう。

習近平「歓迎夕食会」の会費が4万ドル！

２０２３年11月にサンフランシスコで開催されたＡＰＥＣの出席を名目に習近平は6年ぶりの訪米を果たした。各地では反対運動が繰り広げられたがメディアは一切無視した。

習近平が宿舎としたのは最高級ホテルのハイヤットリージェンシーで、岸田首相は会期中にのこのこと習のホテルへ出かけるという失態、「位負け外交」を演じたのである。

ＡＰＥＣ開会前夜、同ホテルでは習近平歓迎の夕食会が開催され、米財界の有名人３００人が揉み手で参加した。主催は米中関係全国委員会と米中商工会。参加費はひとり４万ドル。一卓は８人。参加者をみるとアップルのティム・クックＣＥＯをはじめとしてＭＳ、シティバンク、エクソンモービル、ボーイング、インテルなどのＣＥＯもしくは幹部たちだった。ティム・クックとブラックロック社のラリ・フィンクＣＥＯ、ブロードコムのホック・タンらＣＥＯが習と同じテーブルに座った。

「懲りない面々」は、まだ中国に巨大市場の幻影を描いている。ただし期待した具体的な政策提示もなく、ウォールストリートジャーナルは「多くのアメリカ財界人は失望した」

と書いた。

財界人が代弁するように共和党エスタブリッシュメントは反トランプだった。かれらは予備選でニッキー・ヘイリーを支援していたのである。予備選でヘイリー前国連大使が想定外の善戦を演じられたのは、軍需産業とウォール街が巨額の献金をしたからだ。米国の政治資金募金は大胆かつダイナミック、広域にわたるが、PAC（政治活動委員会）という特例の機構が認められ、大統領選挙資金を効果的にあつめるメカニズムが存在する。

共和党エスタブリッシュメントは反トランプ候補とRKJ（ロバート・ケネディ・ジュニア）に大口の献金をしていた。ただしトランプ暗殺未遂事件で流れは変わった。

トランプ前大統領を支持するイーロン・マスクのテスラも対中ビジネスは微妙である。ロシアのメドベージェフ前大統領が、「米国で新たな南北戦争が起き、実業家イーロン・マスク氏が米大統領に当選する」とからかい半分の記事を投稿したことがある。

ところでイーロン・マスクは台湾情勢に疎く「台湾は香港のように特別自治区として平和的に統一すれば良い」など、無知をさらけだした。もっともテスラは台湾市場を相手にしていないから中国の上海工場のことが頭の中にある。

2023年7月にもマスクは急遽訪中し、テスラの上海工場を視察した。波に乗るほどの売れ行きなのに、増産計画を中国が認めないからだ。中国は愛国キャンペーンと称して補助金をつけ、中国国産のBYDを支援している。遠回しにテスラの伸張を妨害しているから、増産がままならずマスクは焦った。それが中国のつけいる余地なのである。

米国の認識する中国脅威論は日本人のそれとは大きく異なる。軍事的脅威より経済的脅威が先行する。

EVの革命児、イーロン・マスクが率いるテスラの命名は数学の天才ニコラ・テスラに由来する。マスクはテスラに憧れ、自社ブランドに冠したほどだった。エジソンを凌ぐ発明王と言われたテスラは晩年ホテルに籠もったまま孤独死した。

これまで快進撃をつづけてきたEVの覇者＝テスラが世界的な売れ行き不振、中国ではBYDに首位を奪われ、日本では全く売れず、メキシコ工場は建設そのものを大幅延期、国内工場ばかりかドイツと上海工場ではコスト削減のために従業員の10％をレイオフした。14万人のうち凡そ1万4000人が解雇された。

テスラやBYDだけの問題ではない。世界的なEV投資計画に急ブレーキがかかった。

もともとが地球温暖化、脱炭素、環境保護という隠れマルクス主義者が捏造した謀略宣伝に呪縛され、西側に幻想を呼び込み、中国に一時的なツキがまわった。年初来、消費者のEV買い控えが世界的規模で起きた。EVブームは終わりつつある。

フォード、GM、テスラが新設工場計画の延期、縮小が表面化した。GMは40億ドルの投資を予定していたEVトラック工場を延期した。フォードはEVトラック工場計画を1年延長するとし、ミシガン州のEV工場計画ではEVトラックを毎週3200台生産予定だったが減産に転じた。生産ライン増強も延期、韓国SKとのバッテリー工場の計画も延期した。テスラはメキシコでの新工場計画を先送りした。フォードはメキシコでのムスタング生産を縮小した。

ことほど左様にEVからの消費者離れが顕著である。

テスラのドイツ工場で操業が停止に追い込まれた。「ボルケーノ・グループ」を名乗る極左過激派が近くの送電塔に放火したため一帯が停電となった。拡張計画に対して環境保護を訴える抗議運動が起きていた。ベルリン警察は、送電塔が放火された可能性が高いと発表した。この工場は欧州で唯一のテスラ工場だ。警察は「数千人が電力供給を断たれ、危険にさらされている。このような妨害行為に対しては司法を通じて最大限の厳しさで対応する」と述べた。ドイツの極左過激派「ボルケーノ・グループ」の「犯行声明」はテスラの

「極端な搾取状況」を非難するとともに「ギガファクトリーの完全破壊」を訴えた。

ドイツ政治は左翼が強いもののテロに訴えた最過激派の「ドイツ赤軍」が解散してから既に4半世紀。「死よりも赤が良い」と叫んで道路に寝転んでいた極左の活動家たちも過激左翼の「緑の党」などに吸収され、脱炭素、環境保護を隠れ蓑に活動してきた。緑の党など近年は連立政権の一角に加わったばかりか国防相ポストを割り振られ、ウクライナ支援、国防費拡大を言う始末である。

韓国ではテスラにリチウム電池を供給してきたバッテリー工場が爆発し23名が焼死した。そのうちの17人は「中国籍」の朝鮮人だった。

EU諸国は「全新車をEVとする」という稀有壮大、実現不可能な理想を掲げていたが、いつの間にか後退させ、中国からのEVへの補助金をやめるよう主張し、さらに中国製EVの輸入に38％の関税をかけた。

米国バイデン政権は2023年までにEV購入者に最大7500ドルの税額控除を行った。補助金と減免措置という特典があったためEVが一時的に売れた。ところがバイデンが中国のEVに100％関税をかけると言いだし、くわえて「脱エンジン車」「脱ガソリン車」の潮流は徐々に変調しはじめ、ハイブリッド車の販売台数がEVを上回った。トヨタのHVの販売台数がテスラを上回った。

EVの日本市場の販売実績たるやテスラは数千台しか売れず、BYDに至っては数百台である。そもそもEVは欠陥車、バッテリーが重いのでタイアの摩耗が激しく、そのうえ火災事故、爆発事故が相次いでいる。新聞が伝えないので知らない人が多い。突然バッテリーが火を噴いて死亡した事故も報告され、ドイツの保険会社は中国製EVを積んだ貨物船の保険申請を拒否した。

ここで何を言いたいかと言えば、中国のEVブームは終焉を迎えているということである。しかしその現実を見ても見ないふりを続ける中国は過剰生産を続けるだろう。在庫は置き場所に困るほどになるだろう。つまり売れ残りマンション在庫の山と同じことになるのである。実態を隠す目的なのか、中国国家統計局は2024年7月から経済統計の内、失業率など不都合な統計を発表しなくなった。

中国を7つに分裂させる戦略を

米国には中国経済を壊滅できるリーサルウェポンがある。それは米ドルと香港ドルの交換停止である。日本人はこのシナリオに気がついていない（筆者と田村秀男共著『中国初金融大波乱』、徳間書店参照）。

なぜ使わないか？　まだ中国で儲けようという下心がバイデン・ハリスの民主党にも、シリコンバレーにもウォール街にもあるからだ。

ＡＩ時代、生成ＡＩとチャットＧＰＴの開発競争とは実質的に第３次世界大戦である。「ＡＩを確立した国家が世界の覇者となる」というのはプーチンの預言だが、開発現場のエンジニアには技術の視野狭窄に陥って、機を見て森を見ない状況にある。

とりわけ米国の開発企業に向けて唸るような投機資金の流入をみていると、現場にある発想は人類への貢献より、カネである。オープンＡＩ、ＡＩ～Ｘ、エヌヴィディアなど、この先端分野の企業はすべてがシリコンバレー発である。

孫子の兵法の肯綮《こうけい》は、「百戦して百勝するは、善の善なる者に非ざるなり、戦わずして人の兵を屈するは、善の善なる者なり」（百戦百勝はかならずしも最善ではない。戦わずして敵を屈服させるのが最善だ）と喝破した。

西側はＡＩ規制のルール作りに乗り出した。日本も遅ればせながら『セキュリティクリアランス』法が成立した。ところが非協力的なのが中国とロシアである。

米国はハイテクを中国に渡さない政策に狂奔してきたが、結果は〝ザル法〟だった。7ナノ半導体が中国に渡っていた。なにしろ相手はスパイと模倣、不法盗取が得意技の国なのである。日本製部品は彼らの兵器に使われ、また新幹線も鉄鋼もリニアもみごとに盗まれた。

AIは、いまや自動翻訳からロボット分野で革命的な進歩をもたらし、半導体、EVで中国の追い上げは凄まじい。

一方で、米国は分裂を深め、〝新南北戦争〟に突入する危機が日増しに増大している。いや、もう突入していると言う見方さえできるほどだ。その例が前章までに縷々述べたように不法移民、LGBTQ、BLM、中絶、銃規制、同性婚、そしてイスラエル支援か否か等をめぐった鮮明な対立である。米国分裂は中国とロシアに裨益する。過激な社会運動へ迂回路を通じて中国からの資金が入っていることは周知の事実だが、金融面で中国の大手銀行への締め上げはようやく効果を見せ始めた段階である。

西側が策すべきは中国を分裂させる戦略であろう。米国分裂をさける副次効果がある。

李登輝元台湾総統は「中国はいずれ7つに分裂する」と主張されてきた。チベット、ウイグル、南モンゴルに旧満洲は別の国であり、ほかに華北（北京圏）、華中（上海圏）、華南（広東圏）に分かれる。合計7つ。

語呂合わせで言えばユーゴスラビアは7つに分裂した。スロベニア、クロアチア、ボスニアヘルツェゴビナ、セルビア、コソボ、モンテネグロ、北マケドニア。

ソ連は15に分裂した。ロシア、ベラルーシ、ウクライナというスラブ枢軸とモルドバ、「バルト3国」（エストニア、ラトビア、リトアニア）、カフカスのグルジア、アルメニア、アゼルバイジャン、そして中央アジアイスラム圏5カ国（トルクメニスタン、ウズベキスタン、カザフスタン、キルギス、タジキスタン）に。

米国の衰退をじっと待っているのは中国とロシアだが、就中《なかんずく》、中国国内では妖しい思想が鼓吹されている。中国がロシアと緊密な関係をアピールするのはうわべだけのジェスチャーに過ぎないことがのみ込める。

最近、中国の上層部で『中華民族共同体概論』なるものがテキストとして回覧された。これは毛沢東が提唱した階級革命ではなく、むしろ漢民族の文化的、人種的ナショナリズムを基軸とする、幻覚症状が顕著なシロモノである。

中国共産党の少数民族政策は漢族の他に54ある少数民族が政治的、文化的自治権を行使し「自らの家の主人」となることを認めた過去の約束を頭から否定した。3000人以下の少数民族は中国の定義で少数民族のカテゴリーに入らない。メジャーな少数民族はウイグル、チベット、モンゴルだが、ついで回族、チワン族、朝鮮族、満洲族などが比較的人口の多い少数民族である。

新しい概論は中国の過去と未来に漢民族中心の物語に竄変させ、チベット人、ウイグル人、モンゴル人、その他の先住民族の「主権」と「祖国」は消去され、漢民族の植民地主義と人種形成の目的論に置き換えられた。習近平が唱える「中華民族」とかの抽象的概念は「統一された多民族国家」を統治するための新しい正統性を明確に表現している。『中華民族共同体概論』が提示す考え方は民族統治に対する従来のアプローチ、「共産主義的多文化主義」というパラダイムから漢民族中心の文化的および人種的ナショナリズムへの根本的な後退を表している。そもそも「中華民族」なる種族は存在しない。文化人類学的にも聞いたことがない。

しかし『中華民族共同体概論』は、少数民族に漢民族の規範への服従と、言語、文化、アイデンティティの緩やかな消去を要求しており、中華人民共和国の少数民族を新たな漢帝国の植民地の「臣民」と定義した。新たな正統派思想による理論武装である。

つまり西側が仕掛ける中国分裂工作を予防する措置なのである。これはアメリカ人が人種を超えて、すべて〝ニューアメリカン〟だと言っているようなもので、人種的コミュニティの強いアメリカでは中国のウソはすぐ見破られるだろう。

１９９１年のソ連崩壊後、民族分離主義の危険性と伝統的な中華文化の復興が緊急に必要であるとの強迫観念に取り憑《つ》かれた中国共産党は、「第２世代の民族政策」を提唱した。政権の安定に「深刻な課題をもたらす根深い問題」とは、海外から煽られたテロ、過激主義、分離主義の３つの「悪の勢力」だけでなく、国内の「イデオロギーの誤解」や「誤った見解」も含まれる、とする。

なにしろ「すべての民族が中華民族とその国民国家に「同一視し忠誠を誓う必要性」を持つために国民を導く積極的な役割を果たさなければならない」とし、「中華民族は絶対に『想像上の共同体』ではなく、むしろ５０００年以上の中国文明の伝統が染み込んだ巨大国家共同体である」とパラノイア症状を呈する。

たしかに殷王朝から秦始皇帝、漢帝国と中国では易姓革命が断続したが、秦も隋も唐も鮮卑系であり、元はモンゴルであり、清朝は満洲族だった。漢族の王朝は漢と明と宋でしかないが、この歴史実態は「中華民族共同体」でひとくくりにするわけだ。『中華民族共同体概論』では中国文明は約5000年前に共通の政治共同体を生み出した「血縁の基盤」の上に築かれたと主張している。

現在、毛沢東を尊敬するパラノイア指導部によって新たな文化革命が本格化している。漢民族の文化的、人種的ナショナリズムの波である。過去の約束、政策、歴史を歪曲することで、漢民族中心主義の神話を再構築しようとしているのである。

第5章

ロシアも仕掛ける米国の分裂と衰退

欧州も「統合」から再分裂へ

欧州の衰退ぶりも顕著となりEUは大混乱、NATOには亀裂が生じている。

2024年7月10日からワシントンでNATO75周年記念の首脳会議が開催されたが、どの参加者の顔にも精彩がなく疲労困憊の風情が読み取れた。

NATO会議の直前だった。7月7日早朝、オルバン・ハンガリー首相は北京を電撃的に訪問した。ウクライナ和平へ向けてオルバンは同月2日、ゼレンスキーと、5日にはクレムリンへ飛んでプーチンと、そして7日にはアゼルバイジャンで複数の政治指導者と会合を持ち、その足で北京へ飛んだ。欧州が中国に制裁を課す中、ハンガリーは飛び抜けて中国寄りである。またオルバンは中国のEV車「BYD」のハンガリー工場を歓迎し欧州全体の政治的空気に強く逆らってきた。あげくにNATO会議を終えるとオルバンはバイデンへの挨拶をパスしてフロリダ州へ飛んでトランプと会合を持った。オルバンにとって「米国大統領とはトランプ」という認識だ。

同時並行してオルバン主導の政治劇がEU議会で起きた。EU議会内で新会派「欧州愛国者グループ」の結成がなされたのである。汎欧州の各国の保守系政党の支持を集め、EU議会の承認を獲得した。EU加盟国それぞれの選挙で保守系の躍進をうけ、オルバンは6月から「ヨーロッパの愛国者」と呼ばれる新会派をEU議会のなかに結成する意向を発表していた。

議長にはジョルダン・ベルゲラが就くことが発表された。ベルゲラはフランス「国民連合」の若き党首、ルペンが次代を託す政治家である。オーストリアの「自由党」、チェコの元首相アンドレイ・バビシュ「不満市民行動党」が最初から参画を表明しており、その後、5つの政党が参加した。オランダのウィルダース率いる自由党、ポルトガルの「チェガ」、このチェガ党党首のアンデレ・ベンチュラは「ポルトガルのトランプ」と言われている。同党は大躍進をとげ連立政権の一員である。スペインの「ヴォックス」(VOX)はカタルーニャ州の自治権剝奪、同性婚の廃止、保護貿易の重視、農村部や伝統的行事である闘牛の活性化などを唱え、いまやスペイン議会第3党となった。

デンマーク国民党は移民反対、非白人移民の国外追放、反イスラム主義、ユーロ導入反対、トルコのEU加盟反対、グリーンランド独立とコソボの独立に反対の排外主義的主張が強い。

これら5つに加えて、ブラームス・ベラング（ベルギーの保守政党）も加盟を発表し、ギリシアの「不満の声」党も参加した。

フランスは総選挙の結果、ルペンは議席数では第1党をのがしたが、得票率は37％で第1位である。議席数が確保できなかったのは第2党と第3党が連合して、ルペン勝利を阻んだからだ。大統領選挙のシステムとまったく同様である。しかしルペンは「勝利は先に延びただけだ」と意気揚々、記者会見で語った。

フランスのルペン「国民連合」、ならびにサルヴィーニ率いるイタリアの「同盟党」もこの新しい議会内会派「欧州の愛国者グループ」に加盟した。フランスが「欧州愛国者グループ」の最大派閥となって会派議長を兼ねる。EU議会はややこしい仕組みとなっていて保守政党が一つの会派に勢揃いというわけにはいかず、イタリアのメローニの集団とポーランドの正義党などは別に「ECR」を形成、リベラルな会派「再生ヨーロッパ」と対抗してきた。

またドイツの「AfD（ドイツのための選択肢）」も別会派である。しかしEU議会の議論においては3つの保守会派が連携して、左翼路線の暴走を阻止できることになる。

オルバン首相は、長年にわたってEU議会主流派を「ブリュッセルのエリートたち」と激しく非難してきた。伝統的な家族の価値観を訴え、ウクライナ支援に反対してきた。これらの保守的な政党が集うわけだから議会戦術が奏功すれば、かろうじて再選されたもののウルズラ・フォン・デア・ライエン委員長の行動を阻止できる。

欧州の左翼新聞はあいかわらず「極右」の集まりと蔑視の視点から報じている。日本のメディアは主体性がないから、欧米の論調の複写機。本当に欧州で何が起きているかを知ることは難しいだろう。

最前線でウクライナ支援への武器供与中継、要人のキエフ訪問拠点、そして多くのウクライナ難民を受け入れてきたポーランドですら支援姿勢を大きく変えた。原因はウクライナ産農作物の輸入がポーランドの農家の経営を圧迫したためだ。この農民の抵抗はポーランドからドイツ、フランスへ飛び火した。ドイツ議会は支援予算を認めてなかった。

NATO諸国に共通するのは「支援疲れ」で、へとへとである。だから支援中断の声が強くなった。EU議会も口では支援継続を謳《うた》いながら嘗ての熱意は失せた。ロシア制裁による原油ガス供給の欠乏からエネルギー代金が高騰し、日常生活において光熱費の暴騰、物価高となった。またロシア進出の企業は現地工場を畳んだため、投資が無駄になった。

日本で旧東欧問題、その地政学的なリスクを精密に検証する論客はすくない。ハンガリーやチェコ、ポーランドの人々のロシア恐怖症に関しての論究は理解の外である。
ウクライナの英字紙『キエフ・ポスト』は、ストックホルム東欧研究センターのアナリスト、アンドレアス・ウムランドに今後の予測を訊ねている。

Q トランプ氏の勝利は、欧州地図の「書き換え」につながるのではないか。プーチン大統領の力を強化し、NATOを弱体化させる可能性がある。東欧の政治家のトランプ再来に対する、こうした懸念をどのように評価するか？

A 「冷戦終結から過去30年間、東欧諸国は世界平和の政治的力に対する魔法のような信仰に慣れてはいない。ロシア帝国とソ連による圧制と西側諸国によるヨーロッパの価値観への裏切りの記憶は、遠い過去の記憶でしかない。しかし（現在の秩序は）1939年のモロトフ・リッベントロップ協定、1945年のヤルタでの世界分割、1994年のブダペスト覚書によって形成された。東欧諸国はNATOに信頼を置いているけれど、トランプ勝利の後、ロシアのNATOに対するそれなりの評価が薄まれば、東欧諸国にとって懸念材料が増える。ウクライナ、ジョージア、モルドバが現在そうであるように、再びロシアの格好の標的になると恐れている」

ウムランドはつづけた。

「トランプ氏は外交政策の明確な基盤がなく精神的に不安定なため予測を立てるのは難しい。彼は親ロシア派とみなされており、プーチン大統領から操られる可能性がある。とはいえ、なにをやらかすか、予測不可能な行動をとる」。

東欧の人々がバイデン政権のロシアに対する優柔不断さに不満を抱いていることは事実で、マクロン仏大統領は個人的演技に走る。東欧からみれば、バイデン政権の遣り方と民主党の行動は過去のパターンからも予測可能である。

トランプがふたたび米国大統領になると、予測不能状態となり、また米国が内戦に陥り、外交政策を実行できなくなる危険性も否定できない。そうなれば米国のウクライナ支援は終了する。ウムランドの続きを聞こう。

Q　最悪のシナリオはウクライナが米国の援助を止められ、NATOを支持する米国の約束が疑問視されるようになる（それは時間の問題だろう）。欧州は迅速かつ根本的に変わらざるを得なくなる。NATOは自らの位置づけを変えなければならないのでは？

A 「ウクライナ、モルドバ、ジョージアにEU加盟候補国の地位を与えることでEU加盟国は欧州領土紛争に間接的に関与することになった。米国が欧州から撤退するとなると、リスクはさらに拡大し、正念場となる。ヨーロッパ統合と共通の安全保障はワシントンがヨーロッパを保護する手を差し伸べていたからこそ、そして手を差し伸べている限りにおいてのみ存在した」。

地政学の根本を問えば、米国は中国を主要敵と位置づけているのだから、もしバイデンが戦略的思考を尊ぶならば、ロシアを敵視することは最も愚策であり、中国の背後を脅かす存在として味方につけておくべきであろう。トランプがバイデンを『稀な間抜け』というのはその意味を含めている。その稀有な間抜けよりももっと間抜けが次期政権を担うようなことがおこれば、西側は自滅へ突進することになりかねない。

ふたりの狂人(スターリンとルーズベルト)が世界を狂わせた

戦争は天災ではない。個人が引き起こす、それも狂人政治家がやらかすのだ。

スターリンとルーズベルトという大悪党は、未曾有の野心を抱き、世界平和を根こそぎ破壊した。

世界を真っ赤に染めるためにスターリンはコミンテルンを旗揚げし、ドイツを唆《そそのか》し、欧州戦争を惹起《じゃっき》させ、その第2次世界大戦で中国と東欧を共産化した。冷戦開始後に朝鮮戦争を起こした。殺戮をなんとも思わない非人間的感受性は毛沢東や金日成にも連鎖した。ルーズベルトは反日の悪魔的存在だった。歴史家が震えるほど破廉恥なハルノートを突きつけて、日本を真珠湾に向かわせたのが罠であったことはいまでは常識。反戦一色だった米国の世論を参戦に導いた。そのためにはリンドバーグなどの反戦言説を封印し、外交的やりとりは議会にも伏せた。

日本はこのふたりの狂人によって戦争に巻き込まれた。敗戦で三流国に落とし込まれたばかりか、戦後は『侵略者』のレッテルを貼られ、日本が悪かったかのように洗脳された。ルーズベルト政権にはハリー・ホプキンズ（大統領補佐官）、ロクリン・カリー（経済担当補佐官）、ハリー・デクスター・ホワイト（財務次官補）、ドナルド・ヒス（国務次官補補佐）、アルジャー・ヒス（法務担当補佐官）らソ連のスパイが司々《つかさつかさ》に紛れ込んで国策を誤導したのだ。

こうした文脈で現代を比較すると、バイデンは「稀《まれ》な間抜け」だが、とても大悪党ではなく、狂人でもなく、ただの耄碌《もうろく》爺さんだが異様にカネに執着する。ホワイトハウスには現在のところ、（中国のスパイはいても）ロシアのスパイはいない。プーチンも大悪党にはなりきれず、したがって世界大戦を回避出来ているのだ。だが、もし極左のカマラ・ハリスとなると何が起こるか分からない。

2024年5月頃からクレムリンの報道官ドミトリー・ペスコフが米国を「敵」と呼びはじめた。

同報道官は以前、「『敵』という語彙を選ぶのはプーチン大統領だけだ」と主張していた。これまでクレムリンはウクライナを支援し武器を供給し、モスクワに制裁を課してきた米国やその他の西側諸国を「非友好国」、或いは「反対者」と呼んできた。プーチンは「西側のエリート層がロシアの真の敵であり、ウクライナは彼らの手先に過ぎない」と述べていた。西側諸国が敵ではなく、そのエリート層に限定して敵という言葉を使っていた。バイデンがプーチンを「人殺し」と呼んでも反発を示さなかった。

プーチン大統領はこう言ったのだ。

「モスクワとキエフの紛争はロシアを倒そうとする西側エリート層によって仕組まれたも

のだ。しかし西側は目標を達成できず、その失敗は紛争に関するレトリックの変化に表れている。つい昨日までロシアに『戦略的敗北』を与える必要性について語っていた人たちが、今では紛争を迅速に終わらせる方法についての言葉を探しているではないか」

ロシアアカデミーの有名な政治学者が「米国6分裂」のシミュレーションを公表したのは四半世紀前のこと、だれも相手にしなかった。

西海岸と東海岸、ラストベルト地域と南部に4つに分かれ、アラスカはロシアに還し、ハワイは中国が買収するという骨格だった。たんに地図上の区分だった。

いま議論されているのは地図を分ける発想ではなく、イデオロギーの空間である。

これまでになかった武器によるネット空間における情報の戦争が展開されている。

遅れに遅れたが我が国にも自衛隊に「サイバー防衛隊」が発足した。規模は僅かに540人。中国は18万人のサイバー戦部隊、北朝鮮は7000人、ランサムウェアでハッカー攻撃を仕掛け、数十億円の身代金を稼ぐ専門部隊である。

最近の被害はニコニコ動画のKADOKAWA、そして宇宙航空の大本「JAXA」（宇宙航空研究開発機構）だ。２０２３年から複数回のサイバー攻撃を受けていた。中国系ハッカーによる攻撃で、大量のファイルが閲覧された形跡があり、なかには秘密保持契約を結ぶ外部の企業や機関の情報も含まれていた。

ＫＡＤＯＫＡＷＡの場合は、桜チャンネルなど保守系の発信に支障がでたうえ、復旧に数カ月を要したため大きな被害がもたらされた。サイバー戦争で日本の専守防衛という退嬰《たいえい》的な発想が限界にきている弱点が露呈した。これまでにも発電所、緊急医院や水道局、変電所、港湾ターミナル、空港、鉄道駅など社会のインフラを狙う恐喝ハッカーが猖獗し、民間企業でも大手銀行、菓子製造メーカー等。就中、トヨタなどは全工場が操業停止に追い込まれたほど。

おそらく米国は中国系ハッカー部隊への攻撃を仕掛けてきたと推測されるが、中国は自分たちが受けたダメージについては発言をしない。

中国を主要敵とすれば、欧州との協力はおろそかになる

ライエンＥＵ委員長が提議した、在欧ロシア資産凍結の利息分をウクライナ再建支援の

ために流用せよとする計画が、実行に移されることになった。イタリアで開催された2024年のG7で再確認されたのだ。

在欧ロシア資産はおよそ3000億ドルで、このうちの2000億ドル強はベルギーの「ユーロクリア」が管理している。利息をウクライナ支援の武器代金に充てるとする政策はすでに実行されており、17億ドルがウクライナへ送金された。向こう3年間でロシア資産の利息は150億ユーロになると計算されている。

戦争支援で主導的役割を果たした英国も、ジョンソン首相が不在となって、ウクライナ支援に消極的となった。まして総選挙で保守党は惨敗した。米国にいたってはバイデン政権の追加支援を議会が反対し、状況は泥沼化した。このためイスラエル、台湾支援予算と混ぜあわせたパッケージで議会を通過させた。「ロシアを勝たせるわけにはいかない。NATO軍の直接派遣も選択肢だ」とマクロン仏大統領が言えば、「われわれはウクライナを支援しているが、ロシアとは戦争をしているわけではない」(ショルツ独首相)。

こうしたNATO主要国の重要発言は「ウクライナ支援国際会議」で飛びだしたのである。しかしマクロンのNATO軍派遣提議には、ただちに英国、ドイツ、イタリア、スペイン、チェコが反対した。それでもフランスは訓練部隊をウクライナへ派遣したが、その報復とみられるのがパリ五輪スタジアム自爆テロ未遂のチェチェン人拘束へと繋がった。

この様に、NATO加盟国間に鮮明な亀裂が入った。マクロン発言はむしろNATOの協調体制を掻きあらした。

ハンガリー、マルタ、ルクセンブルグの3カ国は凍結ロシア資産の転用に反対した。とくにハンガリーの反対理由は「この資金は再興に充てるべきで武器供与代金となってはならない」とする。マルタ、ルクセンブルグはタックスヘブンであり、ロシア大富豪らの口座がある。とくにマルタはロシア富豪の別荘が建ち並び、ロシアマフィアの暗躍が屡々《しばしば》報じられている。マルタは中世にマルタ騎士団が要塞を築き正義と誠実の騎士道精神が謳われた。そのマルタがマフィア、ギャング、そしてロシア大富豪たちのマネーロンダリングの根拠地となっていた。

デンマークではロシア・マフィアの資金洗浄、スイスから謎のロシア資金が消えたり、イタリアの金融界はマフィアが牛耳っているなど影の部分が、じつはヨーロッパ金融界の特徴である。関連して暗号通貨の最大取引所「バイナンス」のロシアでの営業所が閉鎖された。ロシアの取引所は「コムEX」。ユーザーに「速やかにポジションを決済し、資産を引き出し、プラットフォーム上で資産を管理するようアドバイスする」と述べた。

背景には米国が、テロリストやギャングへの送金を知りながら、バイナンスが当局へ報告しなかったことへの制裁と巨額の罰金を課したからだ。バイナンスは中国政府がビットコイン取引停止に踏み切ったためシンガポール、バーレーン、ドバイ、パリ、ケイマン諸島などに事業拠点を移す〝流れ者企業〟となっていた。

在米欧資産が凍結されているため、ロシア富裕層のあいだでは暗号通貨取引への関心が強い。暗号通貨市場の閉鎖はロシアの富裕層にとって一大事である。ロシアはＳＷＩＦＴの決済送金システムから排除されているため中国主導のＣＩＰＳや、２国間の通貨スワップ、人民元とルーブル決済などで取引を続けてきた。米国はさらに中国に圧力を加えたため、一部の中国金融業者がロシア企業からの人民元での支払い受け入れを停止した。中国の平安銀行と寧波銀行、浙江商業銀行などがロシアからの中国人民元での支払い受け入れを停止したのだ。

ワシントンとブリュッセルは、取引や支払いの実行を通じてロシアによる西側制裁回避を支援しているとして、第３国の企業や銀行を制裁の標的としてきた。

これによりトルコ、カザフスタン、アルメニアなどもロシアとの取引が制限を受けた。キルギスは、「ロシアのミール決済カードの受け入れを終了した」と発表した。アラブ首長国連邦(UAE)の大手金融機関は、米国による2次制裁の脅威を受けて、ロシア国民に属する銀行口座の閉鎖とロシアとの決済の制限を開始した。

ロシアのミールカードが使えなくなったせいか、ロシアから海外へ出ていたロシア人のおよそ3分の2が帰国した。ロシアがウクライナへ侵攻を開始して以来、中国政府はモスクワにとって最も重要な経済同盟国となって両国間の貿易は急増したが、決済はドルから人民元とロシアルーブルになった。

ウクライナの死者は50万人を越えているが、ネオコンは驚きもしない

ウクライナ議会は「兵員不足を補うため囚人から志願者をつのる」法案を可決した。(ロシアが囚人兵を使っていることに抗議してきたのはウクライナだったのでは?)

プリコジンが率いた、悪名高き「ワグネル軍団」などは主に囚人で構成されていた。ウクライナは中国と並ぶほどの汚職大国でもある。西側の支援をめぐっても絶えず汚職の噂があり、以前ジョークとして言われた「うっ、暗いな」(ウックライナ)は現実だった。

囚人が兵隊に入り、任務を終えれば釈放となるシステムは一見して合理的である。中国

では兵隊として使うより「一帯一路プロジェクト」の建設現場、とくに重労働の現場に囚人を動員していた。筆者も中国国内で何回も建設現場で囚人服の労働者を目撃した。パキスタン国会では10年ほど前に、「中国のプロジェクト現場に囚人が加わっているが、これは国際的な取り決め違反である、パキスタン政府はいつ黙認したのか?」と質問が出たことがあった。

ウクライナの兵員不足は深刻である。囚人の動員は最終的にゼレンスキー大統領が署名した。海外に住むウクライナ人は、当該国のウクライナ大使館で領事業務が拒否され、ウクライナに帰国を余儀なくされるケースが頻発した。EU諸国は強制送還には反対している。

海外で働くウクライナの若者がアルジャジーラのインタビューに答えて、「私は毎月寄付でウクライナの各大隊を支援しています。これが私の義務です。しかし、私は政府を信頼していないので、戦いたくありません。彼ら(ゼレンスキー政府)は人のことを気にしません。彼らは腐敗しており、私たちが軍隊に支払うお金を盗み続けています。盗むことだけを望んでいる国家のために、なぜ戦争をするのでしょうか?」と答えた。

エリツィン時代にロシア経済改革を助言したジェフリー・サックス教授(コロンビア大

学地球研究所所長）がタッカー・カールソンの番組に出演し「ウクライナの犠牲者は50万人を超えているが、バイデン政権の高官たちは数字を知らないばかりか、ネオコンの連中は気にもしていない」と衝撃の発言を繰り出した。

こうしてウクライナ戦争の闇は深い。ロシアもアメリカも疲れ果てる。中国がほくそ笑んでいる。

プーチンが尊敬してやまないのはソルジェニーツィン

ロシアのしぶとさは宗教にある。欧米がキリスト教への信仰を薄めていることと対照的である。

習近平が尊敬する思想家はマルクスと毛沢東である。時代錯誤も甚だしく、だから危険なのだ。習皇帝のまわりを囲む御用学者らは毛沢東思想礼賛のガチ共産主義者だ。欧米に留学し近代経済学や国際金融を学んで、多少は中国の経済改革を進めてきた改革思考のブレーンは不在となった。朱鎔基も周小川も易鋼も退官し、李克強は怪死。次代のホープとされた胡春華も閑職に飛ばされた。胡春華はかろうじて政治局員に残ることは出来たが、イランとかバヌアツへ特使として派遣されるくらいで暇をもてあましている。

一方、ロシアのプーチン大統領が尊敬してやまないのはアレクサンドル・ソルジェニーツィンである。

西側（日本を含めて）は、プーチンの思想をまったく理解していない。彼はマルクス主義とも共産主義とも訣別しているのである。この重要なポイントに留意したい。

文豪ソルジェニーツィンはゴルバチョフ、エリツィン、プーチンの3人の指導者とそれぞれ別個に懇談した。そしてもっとも共鳴した政治家がプーチンだった。プーチンもソルジェニーツィンの考え方に深く共鳴し、尊敬していた。

プーチン大統領はよく演説にソルジェニーツィンを引用する。

「彼の心、魂、思考は祖国への痛みと尽きることのない祖国愛で満たされていました。こうした感情が彼の創作活動の原動力となったのです」とプーチン大統領は2018年に開催されたソルジェニーツィン記念碑除幕式で演説した。

「彼は何百万人もの人々を苦しみや厳しい試練に陥れた〝全体主義体制〟と（純朴な）ロシア人とを明確に区別した。20世紀のロシアが産んだ社会政治思想家である。その知的遺産が今日までロシア政治に影響を与えている」

実際にソルジェニーツィンは8年間を強制収容所で過ごした。労働収容所や外国への亡命生活で何年も過ごし、共産主義イデオロギーに幻滅し、ロシアナショナリズムとキリスト教正教会の価値観に強い関心を抱いた。

プーチンは習近平とは正反対である。

ソルジェニーツィンは土着の愛郷心と魂を重視する宗教への回帰を訴えた。ソ連指導部に対し、共産主義イデオロギーを手放し、国内の発展を妨げる世界中の左翼政権への支援をやめるように呼び掛けた。

やがて旧ソ連にゴルバチョフが現れ、ペレストロイカの雪解けが訪れた。ソルジェニーツィンは市民権を回復、1994年にロシアに帰国した。2008年にモスクワで死去。享年89歳だった。葬儀にはプーチン、メドベージェフにくわえてロシア科学アカデミー会長、ロシア科学院学長らが参列した。何千人もの一般の人々が花束を捧げた。

ソルジェニーツィンにとって道徳とは、事実上、社会的、政治的問題と切り離せない価値である。

プーチンの演説の言葉の端々、その行間に秘められているのはソルジェニーツィンの思想なのである。毛沢東とマルクスの幻惑に浸り、全体主義に盲進する短絡的な習近平とプーチンを同列に論じるのは基本的な誤謬である。

米国の指導者たちはこの差違が理解できておらず、そのうえマルクス主義の隠れ蓑としての環境とか脱炭素とか過激左翼と偏向メディアが支配する国に堕してしまった。

２０２４年６月20日、北朝鮮訪問からベトナムへ向かったロシアのプーチン大統領はハノイで記者会見に臨んだ。

「ウクライナは事態が悪化している。西側メディアがゼレンスキー大統領に反発している。ウクライナの指導者は不人気な意思決定により、まもなく交代するだろう。ワシントンはゼレンスキーをスケープゴートにするつもりだ」

と示唆した。

「西側諸国は、まだ後任を望んでいない。誰の目にも明らかだと思うが、（欧米は）徴兵年齢の引き下げを含め、不人気な決定のすべてを彼のせいにするだろう」とプーチン大統領は「ゼレンスキー更迭（プーチンは「交代」の語彙を選んだ）は２０２５年の前半に起こる」とも予測した。徴兵担当官が路上で男性を暴力的に捕らえるなど、ウクライナ国民の間に大規模な反対運動の兆候があるとプーチンは付け加えた。

さて、こうしたタイミングでプーチンは北朝鮮とベトナムを訪問した。

プーチン大統領は北朝鮮を24年ぶりに訪問し、攻撃を受けた場合には相互に援助し合う戦略協定に署名した。両国は第2次世界大戦後の北朝鮮建国以来の「同盟国」であり、ウクライナ侵攻でプーチン大統領が孤立して以来、むしろ緊密になっている。

金正恩はプーチン大統領を「朝鮮人民の最も親しい友人」と呼び、ウクライナ戦争に対する「全面的な支持と連帯」を誓った。米欧ならびに日本はロシアと北朝鮮の新たな協定について「深刻な懸念」を表明した。

プーチンはハノイでベトナムとの同盟関係を強化するとし、12の協定、なかでも両国の相互防衛協定に署名した。

「双方は地域と世界の平和と安全のため、防衛と安全保障、国際法に基づいて安全保障上の協力を強化したい」とハノイ側が発表した。

バイデン米大統領はすでに2023年9月にハノイを訪問し、関係強化を図った。バイデン政権は、米国の中国依存を減らすため、ベトナムを主要なハイテク部品の代替供給国として育成する方針。しかしベトナムはロシアのウクライナ侵攻を非難する国連決議では棄権に廻った。プーチンの北朝鮮とベトナム訪問は外交上の成果が上がったというより孤立打開の宣伝演出の側面が強い。

ロシアのエージェントだったアサンジを釈放した英国、取引に応じた米国

新しい戦争とはネットに代表される情報空間もその舞台となったのに、重要な機密を敵にもらす人物が軽い刑で済むようになったのは欧米の衰退を象徴するのではないか。

西側のメディアではロシアの動きをぼろくそに報じているものの、米国の機密を漏洩し続けたウィキリークス創業者のジュリアン・アサンジに関して不思議な論理を展開した。

アサンジは米国との司法取引に応じて自由の身となり、5年間ぶち込まれていた英国のベルマーシュ刑務所から出所、サイパンへ向かう飛行機に搭乗した。ロンドンのエクアドル大使館にたてこもった期間を含めると合計14年を孤独に過ごした。

不思議なことにロシアではなく、西側の左翼ジャーナリズムが利敵行為を働いた人物の釈放を勝ち誇ったように報道した。

彼を支援してきたのは国家破壊を企む左翼団体と、それに同調するメディア、脳幹が汚染された自称「ジャーナリスト」たちだった。英国からの飛行機のチャーター料は52万ド

ル、クラウドファンディングで集めた。ジュリアン・アサンジはサイパン法廷に出廷し、すでに服役を終えた期間を米国裁判所から量刑として言い渡された。つまり米国の刑務所での刑期は免除されたのだ。

暴露サイト「ウィキリークス」の創始者アサンジは、政府の腐敗と人権侵害に関する機密ファイルを公開したと〝仲間〟から賞賛されている（とくに同じ事をしたNYタイムズ、ワシントンポスト、英ガーディアンなど左翼ペーパーがアサンジを賞賛する）のだが、国家機密漏洩は重罪ではないのか。

アサンジの犯罪とは何か。かれは国家安全保障の機密文書を不法に入手し、流布した、本来なら禁錮175年の刑を受ける。中国や旧ソ連なら死刑である。アサンジは「米国では公正な裁判を受けられない」と主張していた。

アサンジは米陸軍の下級情報分析官チェルシー・マニングと共謀して国防総省の機密コンピューターシステムにハッキングし、盗みだした機密資料は膨大な量におよび、ウィキリークスによってオンライン投稿され、西側諸国の安全保障に深刻な損害を与えた。漏洩した情報の中にはイラクとアフガニスタンで米国に情報を提供していた人物の名前も含まれていた。

ウィキリークスは2010年から翌年にかけてイラクやアフガニスタンでの戦争に関する文書約50万点。国務省公電約25万点などをネット上に公開した。そのなかには米軍ヘリがイラクで民間人を誤って射殺する映像も含まれていた。2016年の米大統領選では、ロシアがサイバー攻撃で民主党やヒラリー・クリントン候補の陣営から入手した電子メールの内容を暴露した。ここでロシアとの繋がりが露呈した。

当時、米司法省の国家安全保障担当トップのジョン・デマーズが述べた。「ウィキリークスの創設者は、伝統的な報道機関として活動したことは一度もなく、その代わりに、検討や文脈なしに機密文書のすべてを自身のウェブサイトに公開し、政府にはいかなる秘密も知る権利もないという自身の哲学を推し進めた。責任あるジャーナリストであろうとなかろうと、戦場にいる機密情報源だと知っている個人の名前を故意に公表し、彼らを最も重大な危険にさらすようなことはしないだろう」。

日本のメディアが報じないが、米国ではアサンジ批判は多い。

ジョン・シンドラ（元国家安全保障局上級情報分析官）はこう書いた（『ワシントン・エギザミナー』、2024年4月11日）。

「アサンジは血に染まっている。彼は2013年にエドワード・スノーデンがロシアに亡命する際に重要な役割を果たした。スノーデンは100万件以上の米国国防機密文書を盗み出し、モスクワにたどり着いた。現在もモスクワに留まっている。アサンジはウラジミール・プーチンの部下であり、クレムリンのエージェントだ。米国の諜報機関は何年も前からこのことを知っていた。当時のCIA長官マイク・ポンペオは2017年4月に次の発言をした。『今こそ、ウィキリークスの実態を明らかにする時だ。ウィキリークスとは、ロシアのような国家主体にしばしば支援される非国家の敵対的諜報機関である。我々の諜報機関はロシアの軍事情報機関GRUが民主党全国委員会に対するサイバー作戦を通じて入手した米国の被害者のデータをウィキリークスで公開したと断定した』。そのアサンジを釈放し、罪の裁きを逃れさせることは、世界中でプーチンが行った数々の攻撃的な行為に報いることになる。多くの欧米人がロシアや中国のような独裁政権の側に立つよう促すことにもなる。アサンジに倣いたいと希望を抱くナルシストな若者が大勢いる。複数の地域で緊張が高まり、第3次世界大戦の可能性が迫っている現況にあるにもかかわらずアサンジを釈放するタイミングは最悪だ」

このようにアサンジを批判する西側のメディアが少ないのは深刻な問題である。

「機密情報を漏らすことで米国の安全保障を損ない、情報提供者（相棒は37年の刑を受けたが既に保釈）を危険にさらした」とする囂々たる非難も左翼ジャーナリズムは、「政府の不正を暴露した」と真逆の報道に興じた。

アメリカでこの「寛大なる」司法取引に批判はあるが、激昂する声が聞かれない。

ヒラリーは膨大な機密書類を自宅に持ち込み、自分のパソコンで操作し、スマホにも収録していたが、バレると金槌で壊した。

バイデン・民主党政権は国家安全保障の基本を忘れたようだ。事件はオバマ政権時代だが、起訴したのはトランプ政権になってからだった。国家機密漏洩が軽犯罪並みとなれば、水面下の外交工作なども微妙に変化せざるを得なくなるのではないのか。

機密漏洩が恒常化し、国家の権威も軍事戦略がどうなろうとも暴露だけが生きがいのイエロー新聞と極左メディアはこの点で同根である。重要機密が敵国に知られるようなことになれば戦争に勝てる可能性はその分減少する。

ともかくロシアは米国の衰退を仕掛けているのである。

エピローグ　米国の分裂、衰退に日本は耐えられるか

世界一の大富豪、イーロン・マスクが警告している。

「シビル・ウォーは不可避的だ」

この発言は、2024年の8月に英国で移民の少年が幼児三人を殺害し、それに抗議して全英に拡がった暴動に向けられた言葉だが、本当は米国にこそ当てはまる。

ゼロヘッジという保守系のメルマガニュースはこう分析した。

「極左のカマラ・ハリスの人気は砂上の楼閣に過ぎず、実態はモンデール以下である（モンデールはレーガン再選に挑戦し、2vs48の惨敗だった）。彼女が当選する可能性は不正投票しかない」。

またネットでは「もし不正投票でカマラ・ハリスが当選する事態となれば、アメリカは内戦になり、市街戦が起きるだろう」とする意見が溢れている。

トランプが大統領選挙のランニングメートにJ・D・ヴァンスを指名し、一方の民主党

はバイデンが降りてハリス副大統領が正式に候補と決まると、8月6日に副大統領候補に中西部ミネソタ州のティム・ウォルズ知事を選んだ。ウォルズ知事は元下院議員。リベラル色が強く、中絶に理解があり、左翼穏健派に属する。

米国の世論調査をみると、現実はもっと深刻なのである。各州で「分離独立」の傾向が急増している実態が浮かんでくる。

とくに2024年2月15日に発表された『You Gov?』の数字は衝撃的だった。テキサス州では31％が合衆国からの独立を支持するとしたのだ。連邦離脱を支持する回答者は共和党支持者の29％、民主党支持者の21％。州毎の集計ではアラスカ州では36％の人々が分離独立を支持している。他はテキサス州（31％）、カリフォルニア州（29％）、ニューヨーク州（28％）、オクラホマ州（28％）などだ。なにかの間違いかと目を疑うほどの数字が並んだ。

加えてテキサス州では独立を呼びかける組織（国民運動）が結成され、テキサス共和党は「州の（連邦政府からの）脱退権」を宣言する綱領を採択した。

同様にルイジアナ州では「フリー・ルイジアナ」が、ニューハンプシャーでは「NHEXIT Now」が誕生した（ニューハンプシャー州のNHにBREXITを引っかけた造語）。

経済学でオーストリア学派の本丸でもあり、リバタリアンの学者があつまる「ミーゼス研究所」のライアン・マクマケンは、「分離独立を唱える人々は、あらゆる分離独立の試みは、その領土への軍事侵攻と占領を正当化できると信じている。米国自体が分離独立の産物なのだから」という。

米国の「独立宣言」を冒頭にも紹介したが、さらに重要部分を抜粋する。

「いかなる形態の政府であれ、政府がこれらの目的に反するようになったときには、人民には政府を改造、または廃止し、新たな政府を樹立し、人民の安全と幸福をもたらす可能性が最も高いと思われる原理をその基盤とし、人民の安全と幸福をもたらす可能性が最も高いと思われる形の権力を組織する権利を有する」

つまりアメリカは建国当初から州が独立するシナリオを想定しているのである。

独立宣言はこう続けている。

「人類は、慣れ親しんでいる形態を廃止することによって自らの状況を正すよりも、弊害が耐えられるものである限りは、耐えようとする傾向がある。しかし、権力の乱用と権利の侵害が、常に同じ目標に向けて長期にわたって続き、人民を絶対的な専制の下に置こうとする意図が明らかであるときには、そのような政府を捨て去り、自らの将来の安全のために新たな保障の組織を作ることが、人民の権利であり義務である」。（傍点宮崎）

分断状況に陥ったアメリカは国力も経済力も、そして軍事力も劇的に衰退を見せ始めた。過激リベラル思想が猖獗を極め、愛国とかのフレーズは民主党からは消えてしまった。グローバリズム、ＬＧＢＴＱ、ＢＬＭ、中絶反対なんて女性の権利無視、同性婚賛成、不法移民歓迎という出鱈目。これらの左翼病原菌にアメリカはすっかり蝕まれた。

アメリカそのものが、のたうち回るリバイアサンのように見える。

西尾幹二氏は『日本はアメリカに民主主義を教えよう！』（ビジネス社）でこう言う。

「アメリカ合衆国の権力構造に明白に異変が生じ、ホワイトハウスの大統領府を超えた何らかの新しい権力がすでに実在し、選挙を動かし、政府を取り換え、官僚の任命権を握り、軍の司令塔を左右しているという一連の力の交代劇が行われている（中略）これはやはり

『革命』でなくて何でありましょう」（傍点宮崎）

ホワイトハウスの上位に「超権力」が存在することをディープステートと呼んだのはトランプ大統領自身だった。

日米安保条約とは米占領軍の日本駐留継続でしかないが、在日米軍によって結果的に日本の安全は担保されてきた。しかし日本が全面依存した体制は、まもなく終わり、アメリカは衰退し、日本を護る余力は無くなる。まさに「ありがとうアメリカ、さようならアメリカ」となると予測する西尾氏はこうも指摘するのだ。

「中国の危険なことは、今の中国はナチスに似ているということです。プロパガンダのやり方はナチスそっくりです。南シナ海問題は、ラインラント進駐に匹敵します。アメリカのオバマ大統領がやったことは、イギリスのチェンバレン首相が当時やったこと（宥和政策）に似ています。中国が台湾を併合しようとしているのはオーストリア併合と同じです。日本の立場は、何もできなかった当時の北欧諸国に非常に近いかもしれません」（西尾幹二前掲書）

となると、これから日本はどうなるのか。対米依存が「悲劇的レベル」にある日本は容易に自立自存の精神に立ち返れないだろう。未曾有の危機をいかにして乗り切るか。その覚悟はできているか。

宮崎正弘（みやざき・まさひろ）
評論家。1946年、金沢市生まれ。早稲田大学中退。「日本学生新聞」編集長、雑誌『浪曼』企画室長を経て、貿易会社を経営。82年、『もうひとつの資源戦争』（講談社）で論壇に登場後、国際政治、経済の舞台裏を独自の情報で解析するとともに、中国ウォッチャーの第一人者として健筆をふるう。著書『習近平、最悪の５年間が始まった』（ワック。石平氏との共著）など。また歴史評論では『神武天皇以前』（育鵬社）、『明智光秀　五百年の孤独』（徳間書店）、『こう読み直せ！　日本の歴史』『二度天皇になった女性』（ともにワック）など多数。

アメリカは新南北戦争《しんなんぼくせんそう》に突入《とつにゅう》する！

2024年９月30日　初版発行

著　者　宮崎 正弘

発行者　鈴木 隆一

発行所　ワック株式会社

東京都千代田区五番町 4-5　五番町コスモビル　〒102-0076
電話　03-5226-7622
http://web-wac.co.jp/

印刷製本　大日本印刷株式会社

ISBN978-4-89831-910-9